세상에 대하여
우리가
더잘 알아야 할
교양

37

지은이 | 옮긴이 | 감수자 소개

지은이 **로리 하일**

미시간대에서 영문학과 철학을 공부하고 시카고대에서 논픽션 글쓰기 과정을 이수했습니다. 다양한 잡지에 기고 중이며 청소년을 위한 논픽션 책을 다수 썼습니다. 지은 책으로는 《세더잘 16 소셜 네트워크, 어떻게 바라볼까?(Social networks and blogs)》《극한 스포츠(Extreme Sports)》 등이 있습니다.

옮긴이 **이현정**

서강대학교에서 영어영문학과 심리학, 서울대학교 대학원에서 인지과학을 공부했습니다. 미국에서 약학대학원을 다니던 중 번역의 세계에 뛰어들어 맥쿼리 대학교 통번역 석사를 마친 후 통번역사로 일하고 있습니다. 주요 역서로는 《상위 1%가 즐기는 창의수학퍼즐1000》《뉴 비타민 바이블》《옷장 심리학》《세더잘 31 투표와 선거, 과연 공정할까?》 등이 있습니다.

감수자 **김도균**

경희대학교 체육대학원 교수입니다. 경희대학교에서 체육학을 공부하고 한국체육대학교 대학원에서 체육학 박사, 중앙대학교 국제경영대학원에서 경영학 석사 학위를 취득했습니다. 저서로는 《스포츠 마케팅》《스포츠 이벤트 기획》《FIFA 월드컵 마케팅》 등이 있습니다.

세 상에 대하여
우리가
더 잘 알아야 할
교양

로리 하일 글 | 이현정 옮김 | 김도균 감수

37

스포츠 윤리

승리 지상주의의 타개책일까?

내인생의책

차례

※ 본문의 **굵은 글씨**로 표시된 단어는 114쪽 용어 설명에서 찾아보세요.

| 감수자의 말 |

　스포츠는 살아 있습니다. '살아 있다'는 말은 성장과 발전을 거듭한다는 뜻입니다. 훌륭한 운동선수는 정신력과 정정당당한 스포츠 정신으로 인체의 한계를 극복하고 올바른 과정을 통해 경쟁 우위를 점합니다. 스포츠는 이처럼 오직 인간이 가진 신체와 정신의 힘으로 경쟁하는 분야지요. 스포츠가 많은 이들의 존경과 사랑을 받을 수 있는 이유가 바로 이것입니다.

　스포츠 현장을 비롯하여 우리 삶의 많은 장면에는 늘 경쟁이 존재합니다. 세계적인 육상 스타 칼 루이스는 "인간은 경쟁 상대가 있을 때 상승 에너지가 솟구친다. 만약 경쟁 상대가 없다면 모든 기록은 퇴화할지도 모른다."고 말하기도 했지요. 어떤 사람들은 경쟁에 너무 집착한 나머지 경쟁에서 승리해야만 행복해질 수 있다고 믿어요. 그러나 스포츠는 승리만을 위해 존재하지 않습니다. 과정에서 얻는 즐거움, 선의의 경쟁, 나 자신과의 싸움이 더 중요한 요소지요.

　요즘은 이와 같은 스포츠의 본질이 흐려지는 안타까운 일이 자주 벌어집니다. 스포츠가 거대한 산업으로 성장하면서 많은 리그와 구단이 생겼습니다. 각 리그와 구단은 수익을 증대하기 위해 승리를 최우선시하는 경향을 스포츠계 전반에 퍼트렸지요. 그 결과 오늘날의 스포츠는 승리 지상주의에 빠지고 말았습니다. 첨단 장비와 기술, 약물과 보충제라는 편법을 사용하여 규정을 어기면서까지 승리를 쟁취하려는 안타까운 모습을 보이고 있지요. 물론 현대의 스포츠 경쟁에서 이기기 위해 새로운 장비를 사용하거나 신체 단련을 통해 체력을 증진하는 일은 필수입니다. 그러나 그보다 정정당당한 경쟁과 승부에 대해 배우고 피나는 훈련과 노력을 통해 자신의 경쟁력을 키워 나가는 일이 훨씬 중요해요.

이 책은 운동선수가 승리를 거두기 위해 사용하는 다양한 방안을 소개합니다. 최첨단 운동 장비, 각고의 노력 끝에 개발한 기술, 기량 향상 약물, 스테로이드, 보충제, 유전자 조작 치료 등이 그것이지요. 이 중에는 현재의 스포츠 규정이 허용하는 방법도 있고 금지하는 방법도 있습니다. 하지만 정해진 규칙에만 의지하여 옳고 그른 행동을 판단해서는 진정한 스포츠 정신을 살릴 수가 없어요. 스포츠 윤리에 대한 깊은 고민을 통해 진정한 스포츠 정신을 찾으려고 노력해야 하지요.

이 책은 스포츠와 스포츠 윤리에 대한 지식을 제공할 뿐만 아니라 독자가 스스로 스포츠와 스포츠 윤리 문제를 곰곰이 생각해 볼 수 있도록 합니다. 청소년 독자들이 이 책을 통해 경쟁을 더욱 경쟁답게, 스포츠를 더욱 스포츠답게 하는 길이 무엇인지 배우게 되기를 소망합니다. 더불어 스포츠에 대한 청소년의 관심과 애정이 깊어진다면 더할 나위 없는 기쁨일 것입니다.

경희대학교 체육대학 교수, 스포츠 산업 경영 연구소 소장 **김도균**

들어가며 : 한계에 맞서

올림픽 육상 경기장이 관람객으로 발 디딜 틈 없이 꽉 찼습니다. 잠시 뒤에 100미터 달리기 경기가 시작하기 때문이지요. 우리는 집에서 100미터 달리기 경기 중계를 시청하기 위해 텔레비전 앞에 앉아 있습니다. 선수들이 저마다 팔다리를 흔들며 몸을 푸는 모습이 보입니다. 그때 중계 카메라가 우리가 응원하는 선수를 가까이에서 비춥니다. 텔레비전 화면에는 근육의 미세한 움직임까지 나타나요. 출발을 알리는 총성이 울리자마자 우리가 응원하는 선수가 선두로 튀어나옵니다. 초반에는 다른 선수보다 머리 하나 정도로 간신히 앞서다가, 점점 거리가 벌어지고, 결국 모든 경쟁자를 멀찍이 따돌리지요. 그리고 최고 기록으로 결승점을 통과합니다. 이 경기를 지켜본 우리는 짜릿한 흥분을 느껴요.

그런데 며칠 뒤 놀라운 사실이 밝혀집니다. 그 선수가 '스테로이드'라는 금지 약물을 복용했기 때문에 경기에서 좋은 성적을 거둘 수 있었다는 거예요. 규정상 스테로이드를 투약하고 경기에 참가한 선수는 해당 경기에서 획득한 메달을 박탈당하지요. 우리가 응원했던 선수도 예외

운동선수는 코치와 팬들의 기대를 한 몸에 받는다. 운동선수는 기대로 인한 부담과 압박을 이기고 윤리적인 방식으로 경기를 치러야 한다.

없이 메달과 명예를 빼앗깁니다. 우리는 크게 실망한 나머지 다시는 그 선수가 뛰는 경기를 보지 않으리라 다짐해요. 그 선수는 정당하지 않은 방법으로 승리를 얻으려고 했으니까요!

스포츠 윤리

'정당하지 않다.'라는 말은 윤리와 관련이 있습니다. 윤리란 마땅히 그렇게 해야 하는 올바른 행동의 기준을 뜻해요. 따라서 '스포츠 윤리'는 올바른 방식으로 스포츠 경기를 치르는 일을 의미하지요. 하지만 스포츠에 참여하는 모두가 스포츠 윤리를 지키지는 않습니다. 공이 이미 골라인을 넘어갔는데도 마치 슛을 막았다는 듯 공을 걷어 내는 골키퍼의 모습이나 분명히 라인 안으로 들어간 테니스공을 보고도 아웃을 선언하는 심판의 모습을 본 적이 있을 거예요. 이 경우 골키퍼와 테니스 심판이 스포츠 윤리를 어겼다는 사실은 누가 보아도 명백하지요.

반면 여러 사람이 서로 상반된 조언을 건넬 때도 있습니다. 그러면 무엇이 옳은 일이고 무엇이 그른 일인지를 판단하기가 어려워요. 가령 우리는 학교에서 약물 복용이 나쁘다고 배웁니다. 하지만 약물을 홍보하는 광고는 어떤가요? 광고는 약물이 불면증부터 체중 조절, 사회 불안증에 이르기까지 모든 질병을 마법처럼 낫게 해 준다고 선전합니다. 앞서 우리를 실망하게 한 육상 선수도 몸이 아파서 무심코 약을 먹었던 건 아닐까요? 그 약 안에 금지 약물 성분이 들어 있다는 사실을 모르고 말이지요.

옳은 행동, 즉 윤리적인 행동을 하는 일은 법과 규범을 준수하는 일과 다릅니다. 시험에서 커닝하는 행위를 범법 행위로 제재하지는 않습니다. 커닝은 그저 대부분의 사람이 비윤리적이라고 여기는 행위일 뿐이지요. 한편 법이라고 모두 윤리적이지는 않습니다. 법이 비윤리적일 수도 있어요. 운동선수가 필수적으로 약물 테스트를 받도록 정해 놓은 법이 비윤리적이라고 주장하는 사람도 있거든요. 약물 테스트가 운동선수의 사생활을 침해한다는 이유 때문이지요.

이 책의 목표는 스포츠 윤리라는 주제를 통하여 공정성에 대해 고찰하는 것입니다. 이 책은 우선 최신 운동 장비 및 최첨단 기술과 기량을 향상시키는 약물의 발달을 보여 줍니다. 그에 따라 운동선수가 **경쟁 우위**를 획득하는 방식이 어떻게 변화했는지를 설명하지요. 이러한 변화에 대한 찬반양론도 제시할 거예요. 그리고 진정한 스포츠 정신이 어떤 것인지 고민해 볼 기회를 제공합니다. 서로 다른 관점과 의문점을 모두 고려해 본 뒤에 스포츠를 관람하거나 직접 경기에 참여한다면 우리는 스포츠 윤리 문제에 대해 주체적으로 올바른 결정을 내릴 수 있겠지요.

더 빨리, 더 높이,
더 힘차게

운동선수가 과학 기술과 약물의 힘을 빌려서 신기록을 수립하면 이와 관련된 윤리 문
제가 제기되기 마련입니다. 가령 스포츠에서 개인의 노력보다 신기술의 역할이 차지
하는 비중이 더 커진다면 어떨까요?

올림픽

의 표어는 "더 빨리, 더 높이, 더 힘차게"입니다. 하지만 운동선수는 더 빨리 달리고, 더 높이 뛰어오르고, 더 힘차기만 해서는 안 됩니다. 그 누구보다 빨리 달리고, 가장 높이 뛰고, 최고로 힘차야 하지요. 관중은 신기록과 승리를 기대하니까요. 이러한 기대 속에서 '승리가 아니라 멋진 승부를 겨루는 것이 가장 중요하다.'는 올림픽의 근본정신은 그 의미가 희미해집니다.

인간의 신체 능력에는 한계가 있습니다. 아무리 선천적인 재능을 겸비하고 혹독한 훈련을 받고 특별 식단으로 식이 조절을 해도 선수가 달리는 속도와 뛰어오르는 높이, 발휘하는 힘의 세기에는 한계가 있지요. 운동선수는 어떻게 신체적 한계를 뛰어넘어 신기록을 수립하고 대중을 만족시킬 수 있을까요?

최근의 스포츠 경기 결과는 많은 경우 최신 기술에 좌우됩니다. 오늘날의 운동선수는 최신 기술을 접목한 스포츠 의류와 장비 덕분에 그 어느 때보다 더 빨리 달리고, 더 멀리 던지고, 더 높이 뛸 수 있게 되었습니다. 기량 향상 약물이나 영양 보충제에 의존하는 선수도 많아요. 운동선수는 **아나볼릭 스테로이드**(Anabolic steroid)를 비롯한 기량 향상 약

신기술은 스포츠의 한계 지점을 끌어올렸다. 신기술이 적용된 운동화와 높이뛰기 장대 덕분에 운동선수는 예전의 운동선수보다 더 빨리 달리고 더 높이 뛸 수 있게 되었다.

물을 복용해서 거대한 근육과 뛰어난 체력을 획득하지요. 일부 선수는 한층 급진적인 수단을 고려하기도 합니다. 예컨대 자신의 유전자를 변형시켜 초인간적인 힘을 얻는 방안 말입니다.

경쟁 우위

사람들이 시험이나 스포츠에서 부정행위를 저지르는 이유는 무엇일까요? 바로 남보다 앞서기 위해서입니다. 규칙을 약간 어기거나 자신에게 유리하도록 규정을 살짝 비틀어 해석할 때도 있습니다. 그렇게 약삭빠르게 행동하면 다른 경쟁자보다 좋은 결과를 낼 수 있으니까요. 남보다 앞서려는 욕구는 사람이라면 누구나 갖기 마련입니다. 더구나 스포츠는 대부분 경쟁을 기반으로 성립해요. 그래서 운동선수는 일반인보다 강한 경쟁심과 승부욕을 느끼는 경우가 많지요.

물론 스포츠에서 경쟁 우위를 점하는 일이 잘못은 아닙니다. 전혀 문제될 요소가 없지요. 경쟁 우위가 없으면 승리도 없고, 슈퍼스타도 탄생하지 못하는 법이니까요. 만약 모든 운동선수의 실력이 똑같다면 경기는 지루하고 재미없어질 거예요. 그러나 스포츠에서 경쟁 우위를 차지하는 방식에 대해서는 진지하게 고려할 필요가 있습니다. 수단과 방법을 가리지 않고 경쟁 우위만 차지하면 된다는 태도는 지양해야 하지요.

제기되는 의문점

운동선수가 과학 기술과 약물의 힘을 빌려서 신기록을 수립하는 일이 벌어지면 이와 관련한 윤리 문제가 함께 제기됩니다. 가령 스포츠에서 개인의 노력보다 신기술의 역할이 차지하는 비중이 더 커지면 어떨까요? 스테로이드의 장점이 인체에 유해한 스테로이드 부작용보다 중요한가요? 왜 많은 사람이 스테로이드 사용은 부적절하다고 주장하면서 비슷한 효과를 내는 영양 보충제 섭취는 개의치 않고 받아들일까요?

이러한 질문에 대한 대답은 명확하지 않습니다. 행위의 옳고 그름에 대한 구체적인 기준이 있는 법적 문제와 달리 윤리 문제는 무 자르듯 판단할 수 없지요. 윤리 문제를 보는 관점이 개인마다 다르니까요. 하지만 확실한 사실은 우리는 스포츠 경기장의 안팎 모두에서 공정과 정직을 실현하기 위해 노력해야 한다는 점입니다. 어떤 이들은 스포츠가 신체적 측면과 윤리적 측면 모두에서 인간의 이상적인 행동 규범이 되어야 한다고 주장합니다. 스포츠 경기는 대중의 눈앞에서 치러지니까요. 스포츠 경기장은 공정성에 관한 물음을 떠올리기에 적합한 장소입니다. 우리는 가끔 스포츠 경기장에서 공정성과 규칙이 산산조각으로 부서지는 생생한 사례를 맞닥뜨립니다. 그러한 사례를 마주하면 우리는 저절로 공정성을 지키기 위해 어떤 새로운 규칙을 정해야 하고 어떤 태도를 지녀야 하고 고민하게 되지요.

전문가 의견

인간의 도덕과 의무에 대해 내가 알고 있는 모든 것은 축구가 가르쳐 주었다.

— 알베르 카뮈

노벨 문학상을 수상한 프랑스의 작가. 대학 축구팀의 골키퍼였다.

간추려 보기

• 스포츠 윤리는 올바른 방식과 과정으로 운동 경기를 치르는 것을 뜻한다.
• 경쟁 우위를 점하기 위해 스포츠 윤리를 어기는 운동선수도 있다. 스포츠는 우리에게 공정성과 윤리에 대해 고민해 볼 기회를 제공한다.

경기의 판도를
뒤엎는 기술

스포츠와 관련한 기술 발전은 대체로 긍정적인 결과를 낳습니다. 경기의 수준을 끌어올리고 관중이 흥미진진한 경기에 완전히 빠져들도록 하지요. 하지만 기술 발전으로 인한 경쟁 우위는 윤리 문제를 불러일으키기도 합니다.

제시 오언스와 우사인 볼트는 각기 다른 한 시대를 풍미한 전설적인 선수들입니다. 두 선수 중 누가 더 뛰어날까요? 물론 기록 자체로만 따지면 우사인 볼트가 더 뛰어난 선수예요. 하지만 우사인 볼트의 기록이 제시 오언스의 기록보다 우월하다고 볼 수는 없습니다. 두 선수가 살았던 시대의 환경과 조건이 달랐기 때문입니다. 예컨대 기록에 큰 영향을 미치는 각종 훈련 기법 같은 요소가 차이를 보이지요.

현재의 우사인 볼트는 마음껏 활용할 수 있지만 과거의 제시 오언스는 누릴 수 없었던 자원은 무엇일까요? **공기 역학**적인 고탄력 운동화,

이름	제시 오언스(Jesse Owens)	우사인 볼트(Usain Bolt)
시기	1936년	2009년
대회	베를린 올림픽	베를린 세계 육상 선수권 대회
종목	100미터 달리기	100미터 달리기
기록	10.3초 (세계 타이기록)	9.58초 (세계 신기록)
종목	200미터 달리기	200미터 달리기
기록	20.7초 (세계 기록)	19.19초 (세계 신기록)

발전한 훈련 기술, 각종 영양 요소를 고려하여 철저하게 짠 과학적인 식단 등을 꼽을 수 있어요. 또한, 오늘날에는 시간을 측정하는 방식이 훨씬 정밀해졌다는 점도 헤아려야겠지요. 오언스가 활약한 1930년대에는 심판 여섯 명이 오로지 스톱워치만 사용하여 직접 기록을 쟀습니다. 그런데 1936년 베를린 올림픽에서 여섯 명의 심판이 측정한 오언스의 기록 중 세 개가 나머지 세 개의 기록보다 훨씬 나쁘게 나왔습니다. 당시의 규칙에 따라 그중 가장 느리게 측정된 기록이 오언스의 공식 기록으로 인정되었지요. 오언스의 실제 기록은 그보다 빨랐을 수도 있어요. 정확하지 않은 기록 측정 방식 때문에 오언스가 손해를 보았을 수 있다는 뜻입니다. 반면 볼트의 시대, 즉 현재는 최첨단 장비로 기록을 잽니다. 그래서 찰나의 순간까지 정확하게 측정할 수 있지요.

2009년 우사인 볼트는 두 종목에서 세계 신기록을 수립하는 쾌거를 이루었다. 다른 신기술이 개발되면 우사인 볼트의 기록을 깨는 선수가 등장할 가능성이 높아질 것이다.

아까의 질문으로 돌아가 봅시다. 제시 오언스와 우사인 볼트 중 누가 더 뛰어난 선수일까요? 누구도 정답을 알 수 없습니다. 하지만 대체로 현재 활동하는 선수의 기록이 몇십 년 전에 활동했던 선수의 기록보다 좋습니다. 오언스와 볼트의 경우처럼요. 기술 혁신 덕분에 스포츠와 운동선수도 발전하니까요. 최근 스포츠계에서는 수십 년 동안 끄떡없던 과거의 기록을 깨고 신기록을 세우는 일이 자주 벌어집니다. 운동화, 장

사례탐구 테니스 라켓 안의 신기술

스포츠와 관련한 각종 기술이 발달함에 따라 기술이 경기의 판도를 뒤엎을 만한 핵심 요소로 작용하게 되었다. 테니스 라켓의 발전이 대표적인 스포츠 기술 발달의 예다.

스웨덴의 테니스 스타 비외른 보리가 1983년 26세의 나이에 은퇴를 선언했다. 은퇴 선언으로 테니스계를 충격에 빠뜨렸던 보리는 8년 뒤인 1991년에 복귀를 시도했다. 그런데 불행히도 보리는 복귀전에서 무명의 상대 선수에게 패배하고 말았다. 이 일로 보리의 명성에 큰 흠집이 난 것은 물론이다. 보리가 복귀전에서 예전에 쓰던 나무 라켓을 그대로 사용한 반면 그를 꺾은 무명의 선수는 당시 새로 출시된 흑연 소재의 라켓을 사용했다. 낡은 나무 라켓이 보리가 패배한 원인일까? 아니면 보리의 명성이 그저 화려한 과거에 불과했던 걸까? 이유야 무엇이든 간에 지금은 보리처럼 나무 라켓을 사용하는 선수를 찾아보기 어렵다. 신기술을 접목한 흑연 라켓이 나무 라켓보다 가볍고 **내구력**도 강하기 때문이다. 그래서 이제는 테니스 경기에서 모두가 흑연 라켓을 사용한다. 흑연 라켓을 사용하지 않는 선수는 아주 불리한 상황에 놓이게 된다.

비, 훈련 시설 등 다양한 부문에 걸쳐 신기술이 개발된 덕분이지요.

스포츠 기술 발전은 대체로 긍정적인 결과로 이어집니다. 경기의 수준을 끌어올리고 관중이 흥미진진한 경기에 완전히 몰입하도록 하지요. 하지만 기술 발전으로 인한 경쟁 우위 획득은 윤리 문제를 불러일으키기도 합니다. 기술 발전이 한계 지점에 도달하면 어떻게 될까요? 기술 발전이 멈춤으로써 선수가 더는 신기록을 수립하지 못하게 된다면 어떤 일이 벌어질까요? 대중이 스포츠에 흥미를 잃게 될까요? 최첨단 기술은 선수들을 더 빨리 달리고 더 높이 뛰어오르게 돕지만 길게 보면 결국 선수의 신체적인 역량 발전을 가로막고 있는 건 아닐까요?

스포츠 의류와 장비

2010년 9월, 한 스포츠 의류·장비 회사가 새로운 운동화를 시장에 내놓았습니다. 고무 스프링 장치를 달아서 신기만 하면 7.6센티미터나 더 높이 점프할 수 있도록 만든 운동화였지요. 2010년 10월, 미국 프로농구 협회(NBA, National Baseball Association)는 NBA 소속 선수가 이 운동화를 착용하고 경기하는 행위를 금지한다고 발표했습니다. '콘셉트 1'이라는 이름의 이 새로운 운동화가 발매된 지 한 달 만의 일이었지요. NBA는 **"리그의 규칙상 특정 선수가 경기 중에 지나친 경쟁 우위를 갖게 하는 운동화는 착용할 수 없다."**라고 금지 이유를 밝혔어요. 많은 사람이 고무 스프링이 장착된 운동화가 선수에게 불공정한 이득을 부여한다는 NBA의 판단에 동의합니다. 신기술이 접목된 스포츠 장비를 계속 허용하다 보면 나중에는 스포츠와 묘기 서커스를 구분하지 못하게 될 거예요. 하지만 최첨단 스포츠 장비와 관련된 여러 가지 사례를 살펴보면 여기에도 명확한 판단 기준이 없다는 사실을 알 수 있습니다. 다른 스포츠 윤리 문제와 마찬가지로 말이지요.

상어처럼 날렵하게

과학자들은 세상에서 가장 빠른 수영 선수인 상어의 비밀을 꾸준히 연구했습니다. 수영복 제조사인 '스피도'는 상어 연구를 활용하여 선수용 수영복을 개발했어요. 일명 '패스트스킨(Fastskin)'이라고 불리는 이 제품은 상어의 피부를 모방하여 만들었습니다. 수영복 표면에 상어의 피부처럼 V자형 홈을 파서 부위별로 물을 튕겨 내는 힘을 차등화했지요. 물의 저항을 크게 받는 팔과 어깨 같은 부위에는 홈을 많이 파서 저항력을 줄이고, 저항을 작게 받는 가슴과 배 표면은 매끄럽게 해서 마찰

상어의 움직임을 모방하여 개발한 패스트스킨 수영복은 효과가 매우 뛰어나다. 심지어 효과가 '너무' 뛰어나서 착용한 선수가 지나친 경쟁력을 확보한다는 이유로 금지되었다.

을 줄이는 원리입니다. 패스트스킨을 시험해 본 수영 선수들은 이 수영복이 기록 경신에 도움이 된다는 사실을 온몸으로 경험했습니다. 하지만 패스트스킨 수영복이 불공정한 경쟁 우위를 조장한다고 주장하는 사람이 많습니다. 이탈리아의 한 수영 코치는 이 수영복을 가리켜 '기술적인 **도핑**(Doping)'이라고 비난했어요.

패스트스킨 수영복이 개발된 뒤에도 첨단 수영복 개발은 부단히 이어졌습니다. 특히 폴리우레탄 소재로 된 신소재 수영복의 개발이 수영계에 선풍을 일으켰지요. 하지만 국제 수영 연맹(FINA, Federation Internationale de Natation)이 2010년부터 폴리우레탄 소재의 수영복과 전신 수영복 착용을 금지했습니다. 그러자 놀라운 일이 벌어졌습니다. 대회마다 몇십 개씩 터져 나오던 세계 신기록이 최첨단 수영복 착용을 금지한 뒤로는 가뭄에 콩 나듯 드물게 경신된 거예요. 이 사건은 수영 종목의 기록 단축에 대한 논쟁을 일으켰어요. 지금까지의 기록 단축이 과연 선수의 뛰어난 수영 실력 덕분인지 아니면 최첨단 수영복의 발전을 증명할 뿐인지 의견이 분분합니다.

인공 다리, 인공 속도?

두 다리가 없는 선수가 올림픽 육상 경기에 출전하면 경기에서 이익을 볼까요, 손해를 입을까요? 이익을 볼 거라고 생각하는 사람은 아마 없겠지요. 그런데 놀랍게도 국제 육상 경기 연맹(IAAF, International Association of Athletics Federations)은 다리 없는 선수가 유리할 거라고 판단했습니다. 국제 육상 경기 연맹은 어릴 적 양다리를 잃은 남아프리카공화국 출신의 **의족** 육상 선수 오스카 피스토리우스가 2008년 베이징 올림픽에 출전할 수 없다는 판정을 내렸습니다. 피스토리우스는 2004년 아테네 장애인 올림픽에서 금메달을 따며 주목을 받았습니다. 피스토리우스는 곧 다음 목표를 설정했습니다. 장애인으로서는 처음으로 올림픽 출전권을 거머쥐려고 한 거예요. 하지만 국제 육상 경기 연맹이 피스토리우스의 도전을 막았지요. 국제 육상 경기 연맹이 이러한 판정을 내린 이유는 의족이 실제 다리보다 경기력에 도움을 준다는 판단 때문이었습니다. 피스토리우스처럼 의족을 사용하는 선수의 경우 일반 선수보다 에너지를 약 25퍼센트 적게 소모하면서도 일반 선수와 똑같은 속도로 달릴 수 있다는 실험 결과가 나왔거든요.

오스카 피스토리우스는 국제 육상 경기 연맹의 판정에 반발하며 국

오스카 피스토리우스는 트랙이 젖었을 경우에는 자신이 사용하는 의족이 오히려 경기에 불리하게 작용한다고 주장했다.

제 스포츠 중재 재판소에 재심을 요청했습니다. 피스토리우스는 **탄소섬유**로 만든 의족이 단지 자신에게 정상 선수처럼 달릴 수 있는 기회를 주는 것뿐이라고 역설했어요. 결국 재판소가 그의 손을 들어주었고 피스토리우스는 올림픽 출전을 허가받았지요. 그러나 안타깝게도 피스토리우스는 올림픽 대표 선발전에서 좋은 성적을 거두지 못했습니다. 따라서 올림픽 참가를 향한 꿈도 좌절되고 말았어요. 하지만 논쟁의 여지는 여전히 남아 있는 셈입니다.

초경량 사이클

많은 운동선수가 자신이 사용하는 장비를 통해 경쟁 우위를 확보하고 싶어 합니다. 사이클 선수도 마찬가지예요. 트랙 사이클 선수는 최대 시속 72킬로미터의 속도로 사이클 전용 경기장인 '경륜장'의 트랙을 돕니다. 이때 사이클의 무게가 가벼울수록 더 빨리 달릴 수 있지요. 사이클 제작 기술의 발달로 사이클 무게가 가벼워지면서 선수는 더욱 효율적으로 장거리를 달리게 되었습니다. 하지만 국제 사이클 연맹(UCI, International Cycling Union)은 6.8킬로그램 이하의 초경량 사이클을 경기에 사용하지 못하게 합니다.

국제 사이클 연맹이 초경량 사이클을 금지하며 내세우는 첫 번째 이유는 '기회의 불평등'입니다. 초경량 사이클의 가격은 1억 1천만 원이 넘습니다. 이처럼 매우 고가인 초경량 사이클을 살 만큼 경제적으로 여유 있는 선수는 많지 않아요. 결국 초경량 사이클을 구입할 재정 능력이 있는 소수의 선수만이 경쟁 우위를 지니게 됩니다. 불공평한 일이지요. 반

속임수 미끼

2006년에 미국 코네티컷 주의 한 중소기업이 가짜 낚시 미끼를 출시했다. '킥테일(KickTail)'이라는 이름의 이 가짜 미끼는 피라미의 움직임을 모방하게끔 만들어졌는데, 아주 감쪽같아서 물고기뿐만 아니라 숙련된 어부까지 그 미끼에 속아 넘어갔다. 여덟 명의 어부가 '헤엄치는' 가짜 미끼의 모습을 보고 가짜 미끼와 진짜 피라미를 구분하는 데 실패했다. 게다가 이 미끼를 사용하자 살아 있는 미끼를 사용할 때보다 시간당 어획량이 세 배나 많아졌다.

그런데 대성공을 거둔 이 가짜 미끼가 정작 살아 있는 미끼를 사용할 수 없는 낚시 대회에서는 사용이 금지되었다. 살아 있는 미끼보다 더 실감난다는 것이 그 이유였다. 이러한 금지 규정이 가짜 미끼 개발 회사에게 불리한 조치라고 주장하는 사람도 있다. 회사 입장에서는 대회를 통한 홍보가 중요하기 때문이다. 반면 이렇게 실제와 흡사한 제품의 사용이 부정행위나 다름없다고 보는 시각도 있다.

면 초경량 사이클을 금지해서는 안 된다는 의견도 있어요. 초경량 사이클을 허용하자는 이들은 기록을 향상시킬 수 있는 기술적 환경은 원래 선수마다 다르다고 주장합니다. 지금도 어떤 선수는 최고의 코치와 훈련 프로그램, 최신식 설비를 이용하여 훈련하지만 어떤 선수는 그러한 요소를 전혀 이용하지 못하고 있다는 뜻이지요. 이 또한 초경량 사이클 못지않게 불공평한 일이지만 아무도 이 차별적 처우를 금지하지 않아요. 국제 사이클 연맹이 초경량 사이클을 금지한 두 번째 근거는 경기에서 선수보다 장비가 더 관심을 끌게 될지도 모른다는 우려입니다. 사이클 경기의 관중과 팬들이 어떤 사이클 선수의 기량이 더 뛰어난가가 아니라 어떤 기종의 사이클이 더 빠른가에만 관심을 갖게 되는 일은 국제 사이클 연맹이 원하는 상황이 아니겠지요.

슈퍼맨 자세

사이클 선수인 그램 오브리는 1995년 자신이 개발한 새로운 자세로 사이클계에 일대 파란을 몰고 왔습니다. 상체를 앞으로 구부리고 양팔을 곧게 뻗어서 좁고 기다란 사이클 손잡이 위에 놓은 이 자세에는 '슈퍼맨 자세'라는 이름이 붙었습니다. 그램 오브리가 타원형의 트랙을 도는 모습은 마치 슈퍼맨이 바람을 가르며 나는 모습 같았습니다. 오브리

그램 오브리는 저기술, 저비용의 '슈퍼맨 자세'를 개발했다. 하지만 이 자세는 선수에게 지나치게 유리하다는 이유로 금지되었다.

의 '슈퍼맨 자세'는 순식간에 다른 사이클 선수에게 퍼졌고 다들 슈퍼맨 자세를 따라 하기 시작했어요. 이 유선형 자세는 기록 단축에 도움이 되었지요. 하지만 1996년 국제 사이클 연맹은 그램 오브리의 혁신적인 슈퍼맨 자세를 금지한다는 결정을 내렸습니다. 슈퍼맨 자세가 '지나치게 공기 역학적'이라는 이유 때문이었어요.

국제 사이클 연맹의 결정은 커다란 논란을 일으켰습니다. 많은 사이클 선수가 슈퍼맨 자세 금지 조치는 오히려 선수로 하여금 최첨단 기술만을 찾게 만들 뿐이라고 불평했지요. 예를 들어 사이클 선수 개개인이 직접, 규정을 어기지 않는 범위 내에서 최고의 자세를 찾으려 노력해야 한다는 거예요. 하지만 새로운 자세를 개발하기 위해서는 어마어마한 시간과 노력이 듭니다. 운동선수에게 시간과 노력은 곧 비용이에요. 그러면 큰 비용을 투자할 여유가 없는 사이클 선수는 실력이 아니라 자본 부족 때문에 경쟁에서 **도태**되겠지요.

스키 기술

1940년에는 스키로 언덕을 내려가기 위해 부츠를 긴 나무판에 단단히 묶어야 했습니다. 그러면 시속 64킬로미터의 속도로 내리막을 활강할 수 있었어요. 하지만 스키 선수들은 그 속도에 만족하지 않았습니다. 스키와 눈 사이의 마찰을 줄이려고 끊임없이 스키 장비를 개선했지요. 지난 60년 동안 스키의 재료는 나무에서 플라스틱으로, 플라스틱에서 **유리 섬유**로 발전을 거듭했고 스키의 속도는 시속 129킬로미터로 거의 두 배나 빨라졌습니다.

하지만 속도가 빨라진 만큼 스키 선수가 예전보다 심각한 부상을 입는 경우가 늘었습니다. 이제는 단순 인대 부상이 아니라 복합 인대 부상을 입을 확률이 더 높지요. 단순 골절이 아니라 복합 골절을 입게 되고요. 빠른 속도로 질주하다가 부딪히면 강한 충격을 받으니까요. 의학 기술의 발달 덕분에 예전보다 부상 치료가 수월해지기는 했지만 여전히 의문은 남습니다. 자신의 몸을 망가뜨리면서까지 꼭 최첨단 스키 장비를 사용해야 할까요?

운동선수는 최신 스포츠 기술 덕분에 더 행복해졌을까요, 아니면 더 큰 위험에 빠졌을까요? 기술 덕분에 우리는 더 높이 오르고 더 빨리 달리고 더 힘차게 경기하게 되었습니다. 하지만 높이 오를수록 추락의 충격이 커지는 법이지요. 현대의 운동선수는 안전 기술을 믿고 더 큰 위험을 감수합니다. 미식축구 선수처럼요.

헬멧: 안전에 대한 착각

럭비와 **미식축구**는 공을 차지하려면 상대를 공격해야 하는 거친 스포츠입니다. 하지만 미식축구 선수만 단단한 헬멧을 쓰지요. 그렇다면 헬멧으로 머리를 보호할 수 있는 미식축구가 럭비보다 안전한 종목일까요?

오늘날의 헬멧은 플라스틱과 스티로폼으로 만듭니다. 머리 골절 같은 심각한 부상을 방지하기 위한 목적으로 착용하지요. 하지만 헬멧을 쓴다고 뇌진탕까지 방지할 수는 없습니다. 뇌진탕은 반복되면 장기 기억 상실, 우울증, 정신 기능 상실 확률 증가 등의 장기적 후유증이 생기는 위험한 병입니다.

두꺼운 보호대와 헬멧은 미식축구 선수에게 무적의 자신감을 안겨 줍니다. 보호 장구를 착용한 덕분에 자신만만해진 선수가 상대팀 선수의 헬멧을 들이받는 경우도 많습니다. 공식적으로는 규칙을 어기는 행위지만 대부분의 선수가 이러한 행동을 해요. 그런데 앞서 밝혔듯 머리에 헬멧을 썼다고 해서 뇌진탕이나 심각한 목 부상을 완벽하게 방지하지는 못합니다. 목 주위에 심각한 부상을 입으면 전신이 마비되거나 심지어 사망에 이를 수 있는데도 선수들은 위험을 감수해요.

미국 미식축구 리그(NFL, National Football League)는 뇌진탕 연구를 기반으로 하여 뇌진탕 방지를 위한 새로운 헬멧을 개발했습니다. 하지만 미국 미식축구 리그가 개발한 헬멧은 너무 크고 무거워서 선수가 경기를 하는 데 오히려 방해가 되었어요. 그러자 미국 미식축구 리그는 새

초기의 미식축구 선수가 사용했던 헬멧은 심각한 머리 부상을 막지 못했다. 하지만 초기의 헬멧에도 이점이 있다. 비록 지금보다 내구성은 떨어지지만 당시의 선수는 지금의 선수보다 위험한 태클을 덜 시도했을 것이다.

로운 규칙을 제정해서 막 공을 던지거나 잡으려는 선수의 머리를 세게 부딪치는 행위를 금지했습니다. 하지만 많은 미식축구 선수가 이 규칙에 반대합니다. 경기의 생동감이 떨어진다는 이유에서지요.

일부 의사와 스포츠 전문가는 미식축구도 럭비처럼 헬멧을 착용하지 않고 경기를 하는 게 더 낫지 않느냐고 제안합니다. 헬멧이 없으면 자연스럽게 **태클**의 강도가 약해질 테니까요. 미식축구도 럭비처럼 덜 위험하게 만들자는 주장이지요. 헬멧을 착용하지 않는 럭비 선수는 머리로 상대를 치면서 태클하지 않고 상대 선수 주위를 몸으로 둘러싸서 공격합니다. 그렇지만 거친 태클이 미식축구의 매력이라고 주장하는 선수와 팬도 많아요. 헬멧 없이 경기를 진행하면 선수가 더 안전해질 수는 있습니다. 대신 미식축구를 보는 재미가 감소할 여지가 있는 것도 사실입니다.

훈련 도구

1985년 미국에서 영화 '록키 4'가 개봉했습니다. 체구는 작지만 강단 있는 미국의 권투 선수 록키 발보아가 강력한 상대 이반 드라고와 맞붙는 내용이지요. 드라고에게는 권투 기술을 연구하는 전담 과학자 팀과 첨단 장비로 가득한 훈련 장소가 있었습니다. 코치 여러 명이 드라고의 훈련을 지속적으로 분석·연구했고, 드라고는 아나볼릭 스테로이드 주사까지 맞았어요. 반면 록키는 구시대적인 방식으로 훈련했습니다. 통나무를 들어 올리고 나무를 찍어 넘기고 눈밭을 뛰고 산을 오르는 게 훈련의 전부였으니까요. 그러나 영화 속 최후의 승자는 옛 방식대로 훈련한 록키였습니다.

집중탐구 최첨단 스포츠 기술의 윤리

　대부분의 스포츠 팬은 스포츠의 최첨단 기술을 반기는 편이다. 그렇다면 운동선수는 최첨단 스포츠 기술에 대해 어떻게 생각할까? 팬들만큼 첨단 기술을 반색하는 선수도 있지만 의구심을 떨치기 어려워 하는 선수도 있다. 운동선수에게 첨단 기술이 꼭 달갑지만은 않은 이유는 다음과 같다.

- 비용: 최첨단 장비는 매우 고가다. 그래서 선수 개인이나 선수가 소속된 국가가 장비 비용을 감당하지 못할 경우 그 선수는 자연히 경쟁에서 불리한 위치에 서게 된다. 더불어 '고가의 장비로 훈련한 팀이나 선수는 승리를 돈으로 산 게 아니냐?'는 문제도 제기될 수밖에 없다.
- 훈련이 공평한가?: 100년 전만 해도 스포츠 훈련을 받는 행위 자체가 특정 선수만 누리는 불공평한 이득이라고 여겨졌다. 그런데 지금은 어떠한가? 아마추어 선수와 프로 선수를 가리지 않고 모든 운동선수가 훈련을 받는다. 오히려 훈련을 받지 않고 경기에 참가하면 불성실하다는 비판을 받는 지경이다. 일각에서는 요즘의 젊은 운동선수들이 흥미보다는 경쟁과 훈련에만 집착한다는 우려를 표하기도 한다. 이 우려는 '스포츠란 단순한 노동이 아닌 놀이'라는 인식이 깔려 있기 때문에 일어난다.
- 개인주의: 첨단 훈련 기술이 스포츠에서 막강한 힘을 발휘함에 따라 스포츠가 선수 개인의 기량이 아니라 전문가로 구성된 훈련 팀의 기술을 뽐내는 장이 될지도 모른다.
- 기술과 변화에 대한 두려움: 기술은 우리의 삶을 지배한다. 하지만 SF 영화를 보면 기술이 인류를 위협하는 두려운 대상으로 그려지는 경우가 많다. '인간과 기계'가 아니라 '인간 대 기계'의 구도다. 이러한 관점에서 보면 결국 기술이 스포츠의 인간적 요소까지 대체하게 될 것이다.

사실 록키 역할을 맡은 배우 실베스터 스텔론은 '록키 4'를 촬영할 때 첨단 기술 장비를 갖춘 코치 팀에게 훈련을 받았습니다. 어떤 사람들은 실베스터 스텔론이 영화 촬영 당시 신체적 기량을 향상시키는 약물도 복용했을 거라고 추측하지요. 영화 속에서 드라고가 맞았던 스테로이드 같은 약물 말이에요. 미국을 비롯한 많은 국가는 고전적인 방식으로 거둔 육체적 승리가 정정당당한 '진짜' 승리라는 환상을 가지고 있고 더 큰 의미를 부여합니다. 그래서 스포츠를 소재로 다루는 영화에서 기술과 과학의 응용을 부정행위처럼 보이게 만들어요. 하지만 실제로 대부분의 서구 국가는 자국의 운동선수를 훈련시킬 때 최첨단 훈련 방식을 개발하여 활용합니다.

현대에는 최첨단 컴퓨터로 신체의 모든 움직임을 포착할 수 있다. 이 기술은 스케이트를 비롯한 많은 종목의 기술 발전에 활용되고 있다.

신체 역학

최첨단 과학 중에는 신체 역학이라는 분야가 있습니다. 근육과 뼈를 비롯한 신체의 각 부분이 어떻게 상호작용을 해서 최상의 동작을 수행하는지 연구하는 학문이지요. 신체 역학을 연구하는 과학자는 여러 스포츠 종목의 선수를 관찰하고 선수의 움직임을 디지털화해서 컴퓨터에 입력합니다. 그러면 선수의 움직임을 **프레임** 단위로 재생하고 분석할 수 있게 되지요. 움직임을 분석한 결과는 선수의 경기 수행에 도움이 되는 동작은 무엇이고 방해가 되는 동작은 무엇인지 알아내는 데 활용됩니다. 신체 역학 연구가 제공하는 자료는 선수 개개인이 경기력을 향상하는 데 도움을 주고 트레이너가 전반적인 경기 수준을 높이기 위한 전략을 짜는 데도 큰 역할을 하지요.

비디오 판독

원래 스포츠 분야에서 텔레비전의 쓸모는 단순했습니다. 직접 경기장에 갈 형편이 못 되는 사람이 집에서 경기를 시청할 수 있게 하는 기능뿐이었지요. 그러던 중 방송국이 시청자를 위해 주요 경기 장면을 느린 화면으로 다시 보여 주는 기술을 개발하여 선보였습니다. 그 뒤로 많은 스포츠 리그가 정확한 판정을 위해 이 '느리게 다시 보기 기술'을 채택했습니다. 이 기술을 비디오 **판독**이라고 해요. 오늘날에는 럭비, 크리켓, 하키, 스케이트 등 대부분의 스포츠 경기가 육안으로 보아서는 아리송한 승패를 판정할 때 비디오 판독을 시행합니다.

반면 비디오 판독을 거부하는 스포츠 종목도 있습니다. 비디오 판독을 거부하는 대표적인 종목은 축구와 야구입니다. 비디오 판독에 반대하는 축구 팬들은 100퍼센트 완벽한 기술이란 존재하지 않으며, 비디오 판독을 하려고 경기를 중단할 때마다 경기의 흐름이 끊긴다고 주장해요. 그래서 2014년 브라질 월드컵부터 비디오 판독의 대안으로 컴퓨터 칩이 장착된 '스마트볼(Smartball)'을 사용하고 있습니다. 스마트볼을 사용하면 공에 내장된 칩을 통해 공의 정확한 위치를 실시간으로 파악할 수 있습니다. 스마트볼의 실시간 위치 정보는 순식간에 심판에게 전달됩니다. 공이 골라인을 완전히 넘어갔는지 아닌지도 정확하게 알 수 있지요.

한편 비디오 판독을 반대하는 야구 팬들은 심판도 선수처럼 종종 실수를 저지르는 '인간'이라고 강조합니다. 결과를 판정하는 주체가 비디오 판독이 아니라 심판이기 때문에 야구 경기가 인간적이고 자연스러울 수 있다는 것이지요. 그러나 비디오 판독을 지지하는 야구 팬들은 매번

▌북미 아이스하키 리그는 논란이 되는 골 장면을 정확히 판단하기 위해 비디오 판독을 실시한다.

제기되는 오심 논란을 잠재울 수 있는 수단이 비디오 판독의 도입뿐이라고 여기고, 그래야 보다 공정한 야구 경기를 할 수 있다고 주장합니다.

선수의 역할

선수야말로 경기 중에 일어나는 온갖 일을 가장 잘 파악하고 있다고 외치는 사람도 있습니다. 이들은 스포츠의 영역에 그렇게 많은 첨단 기술이 필요치 않다고 생각하지요. 선수가 더 책임감 있게 경기를 운영한다면 말이에요.

철학자 피터 싱어는 운동선수가 더 정직하게 행동해야 한다고 생각하는 사람 중 한 명입니다. 피터 싱어는 2010년 월드컵에서 펼쳐진 독일과 영국의 경기를 예로 듭니다. 당시 영국은 독일에 1점 차로 뒤처지

2010년 월드컵의 오심 논란은 첨단 기술을 이용해서 미리 막을 수도 있었다. 경기 종료 후 비디오 판독을 한 결과 심판의 판정과는 달리 영국이 동점골을 넣었다는 사실이 증명되었다.

고 있는 상황에서 동점골을 획득했습니다. 그런데 심판이 골라인을 살짝 넘어간 동점골에 무효 판정을 내렸습니다. 이 판정 뒤로 경기의 흐름은 독일에게 유리해졌고, 결국 영국은 패배하고 말았어요. 경기가 종료된 뒤 비디오 판독을 해 보니 영국의 동점골은 분명히 골라인을 넘은 유효 득점이었습니다. 그러나 이미 심판에 의해 경기 종료가 선언된 뒤였고 월드컵 규정상 판정 번복은 불가능했지요.

피터 싱어는 당시 독일 골키퍼였던 마누엘 노이어가 자진해서 심판에게 이 골은 실제로 영국의 득점 골이라고 알렸어야 했다고 주장했습니다. 그러나 다른 사람들은 피터 싱어가 요구하는 행동이 실천에 옮기기 어려운 일이라고 반박합니다. 특히 팬들이 공정한 경기보다 자기 팀의 승리만을 간절히 바라고 있는 월드컵 경기 중에는 더욱 그렇지요.

간추려 보기

- 최근 급속도로 발달한 스포츠 관련 기술로는 스포츠 의류와 장비 기술, 선수 개인이 개발한 자세, 과학 지식을 접목한 최첨단 훈련 방식 등이 있다.
- 비디오 판독 기술은 경기 결과를 정확히 판정할 수 있게 한다. 반면 일각에서는 결과의 판정을 기계에 맡기지 말고 선수의 양심에 맡겨야 한다고 주장한다.
- 각종 스포츠 기술 발전은 경기를 더욱 흥미롭게 한다. 하지만 모든 경기의 승패를 선수 개인의 역량이 아니라 기술에 의존하게 한다는 단점 또한 갖는다.

스테로이드:
몸은 클수록 좋을까?

사람의 신체에 한계가 있듯 기술 역시 한계가 있기는 마찬가지입니다. 기술을 통해서 얻는 이익에 한계를 느낀 운동선수는 일명 '마법의 약'이라고 불리는 기량 향상 약물로 눈을 돌리기 쉽습니다. 스테로이드는 대표적인 기량 향상 약물이지요. 동시에 가장 잘 알려진 위험 약물이기도 합니다.

먹기만 하면 올림픽에서 금메달을 따게 해 주는 마법의 약을 손에 넣었다고 생각해 보세요. 여러분은 그 약을 먹겠습니까? 같은 질문을 받은 올림픽 출전 선수들은 어떻게 대답했을까요? 모든 선수가 "당장 먹겠다."라고 답했습니다. 그렇다면 이 질문은 어떤가요? "마법의 약을 먹으면 올림픽에서 금메달을 딸 수 있기는 하지만 5년 뒤 약의 부작용 때문에 죽게 됩니다. 그래도 그 약을 먹겠습니까?" 올림픽 출전 선수들이 이 질문에는 어떻게 대답했을까요? 50퍼센트 이상의 선수가 여전히 "먹겠다."라고 했어요.

다른 선수보다 경쟁력 있는 선수가 되기 위해서라면 무엇이든 하겠다는 승리욕이 강한 운동선수가 많습니다. 하지만 사람의 신체에 한계가 있듯 앞서 살펴보았던 각종 첨단 훈련 방식과 장비 역시 한계가 있기는 마찬가지입니다. 최신 과학 기술을 통해서 얻는 경쟁 우위에 한계를 느낀 운동선수는 일명 '마법의 약'이라고 불리는 기량 향상 약물로 눈을 돌리기 쉽습니다.

대표적인 기량 향상 약물은 스테로이드입니다. 스테로이드는 동시에 잘 알려진 위험 약물이기도 해요. 스테로이드는 1976년 몬트리올 올림픽 때부터 올림픽 금지 약물로 지정되었습니다. 그리고 곧 올림픽뿐만 아니라 전 세계 거의 모든 스포츠 리그와 스포츠 팀이 스테로이드를 금지했지요. 세계 반도핑 기구(WADA, World Anti Doping Agency)의 권고에 의한 조치였습니다. 하지만 여전히 스테로이드를 사용하는 선수가 존재합니다.

운동선수의 스테로이드 복용이 지속되자 스포츠계는 윤리 문제에 직면했습니다. 예컨대 '스테로이드 사용이 스포츠 정신에 위배되는가?' '스테로이드는 스포츠계에 만연한 승리 지상주의를 대변하는가?' '왜 스테로이드 같은 약물은 금지하면서 다른 보충제는 인정하는가?' 등의 문제가 발생하지요. 스테로이드에 대해 자세히 살펴보면 이러한 질문에 답할 수 있을 거예요.

1988년 서울 올림픽에서 스테로이드 사용, 즉 '약물 도핑'으로 인해 극적인 사건이 일어났다. 100미터 달리기 종목에서 캐나다의 벤 존슨이 오랜 라이벌인 미국의 칼 루이스를 제치고 1등으로 결승점을 통과했다. 게다가 벤 존슨은 9.79초의 세계 신기록까지 세웠다. 하지만 경기 3일 뒤 벤 존슨에게 아나볼릭 스테로이드 **양성 반응**이 나타났다. 벤 존슨은 금메달 자격을 박탈당했고 결국 금메달은 2위였던 칼 루이스에게 돌아갔다.

스테로이드가 무엇인가요?

스테로이드는 남성 호르몬인 테스토스테론과 유사한 작용을 하는 합성 물질입니다. 테스토스테론은 근육과 골량을 비롯해 남성의 생식 기관 발달에 관여하는 호르몬입니다. 여성의 신체 내에도 테스토스테론이 존재합니다. 물론 남성의 체내에 있는 양보다는 훨씬 적지요. 스테로이드는 테스토스테론과 비슷한 기능을 하지만 자연 물질인 테스토스테론 호르몬과 달리 실험실에서 만들어진 합성 물질이에요.

연구와 실험을 통해 수백 가지 종류의 스테로이드가 탄생했습니다. 다양한 스테로이드는 각기 다른 작용을 하지요. 가령 '코르티존'이라는 스테로이드는 병이나 상처를 치료하는 데 사용합니다. 운동선수가 많이 사용하는 '아나볼릭 스테로이드'는 근육을 키우는 역할을 해요. 스테로이드는 알약 형태로 복용할 수도 있고 액체 형태로 변환해서 주사로 맞을 수도 있습니다.

하지만 스테로이드가 마법의 약은 아닙니다. 스테로이드를 복용한다고 해서 매일 소파에 누워서 텔레비전만 보는 사람에게 갑자기 보디빌더 같은 근육이 생기는 일은 절대 일어나지 않아요. 하지만 격렬한 운동, 고단백 식단과 스테로이드 복용을 병행하면 근육이 커지고 운동 뒤 피로 회복 시간도 줄어들지요. 스테로이드가 근육의 크기를 키운다는 사실은 분명합니다. 하지만 실제로 힘을 증가시키는지는 확실치 않아요. 근육이 크다고 해서 무조건 근육의 힘이 세지는 것은 아니기 때문입니다.

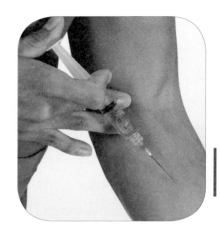

스테로이드는 주사한 뒤 몇 주 동안이나 신체 내부에 잔류한다. 스테로이드는 근육이 발달하는 속도를 증가시키는 동시에 인체에 해로운 영향을 준다. 높은 강도의 운동을 병행하지 않으면 무용지물이기도 하다.

건강상의 위험

간혹 근육을 키우고자 하는 운동선수가 의사가 권고하는 적정 복용량보다 훨씬 많은 양의 스테로이드를 복용하는 일이 있습니다. 이러한 스테로이드 과다 복용은 심각한 부작용을 일으키지요. 그러나 아직은 과학자나 의사들조차 스테로이드 과다 복용으로 인한 부작용을 완전히 파악하지 못해요. 스테로이드 부작용에 대해 연구하려면 인체에 다량의 스테로이드를 주입해야 하는데, 이는 매우 비윤리적인 실험이기 때문입니다. 만일 어떤 운동선수가 자진해서 스테로이드 과다 복용 실험에 참여하겠다고 나서도 연구 윤리 위원회는 절대 그 연구를 승인하지 않을 거예요.

어떤 의사는 건강한 성인 남성이 소량의 스테로이드를 사용하는 정도는 별 문제를 일으키지 않는다고 말합니다. 물론 이 주장에 반대하는 의사도 많아요. 한편 소량의 스테로이드는 복용해 보아야 큰 효과를 기대하기 힘들다는 의견도 있어요. 의사들 사이에서도 이렇게 의견이 분분하지만 모두가 동의하는 확실한 사실이 하나 있습니다. 바로 다량의 스테로이드는 우리의 몸을 위협한다는 점이지요. 청소년이나 여성의 경우에는 소량의 스테로이드도 건강에 치명적 영향을 미칠 수 있습니다. 여성은 스테로이드 때문에 불임이 되기도 하는데 스테로이드로 인한 불임은 고칠 수가 없어요. 그리고 다른 약물과 달리 스테로이드의 부작용은 복용 후 수개월, 수년, 심지어 수십 년 동안 겉으로 드러나지 않고 잠복해 있기도 합니다.

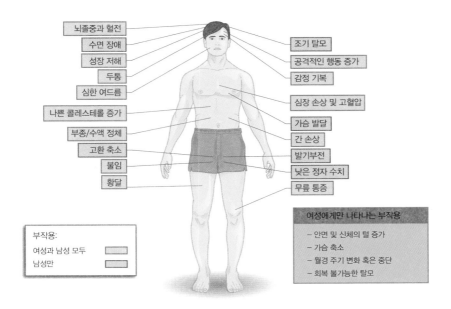

뇌졸중과 혈전
수면 장애
성장 저해
두통
심한 여드름
나쁜 콜레스테롤 증가
부종/수액 정체
고환 축소
불임
황달

조기 탈모
공격적인 행동 증가
감정 기복
심장 손상 및 고혈압
가슴 발달
간 손상
발기부전
낮은 정자 수치
무릎 통증

여성에게만 나타나는 부작용
‒ 안면 및 신체의 털 증가
‒ 가슴 축소
‒ 월경 주기 변화 혹은 중단
‒ 회복 불가능한 탈모

부작용:
여성과 남성 모두
남성만

남성의 경우 스테로이드 사용을 중단하면 위와 같은 부작용이 대부분 사라진다.
하지만 여성은 스테로이드 사용을 멈추어도 부작용이 사라지지 않는다.

운동선수가 스테로이드를 복용하는 이유

　운동선수가 잠재된 위험을 감수하면서까지 굳이 스테로이드를 복용하는 이유는 무엇일까요? 그 이유는 다음과 같습니다.

- 일반적으로 운동선수의 현역 기간은 짧기 때문에 성공을 낚아챌 기회가 그리 많이 오지 않습니다. 그래서 스테로이드를 성공의 지름길로 여기는 운동선수가 생기지요.
- 많은 운동선수가 스테로이드의 부작용이 과장되었다고 생각합니다.
- 일부 운동선수는 자신을 제외한 모든 선수가 스테로이드를 복용한다고 믿습니다. 따라서 다른 선수와 평등하게 경쟁하기 위해서는 자신도 스테로이드를 복용해야 한다고 여겨요.
- 많은 운동선수가 코치와 트레이너로부터 스테로이드를 복용하라

는 압박을 받습니다. 코치와 트레이너는 소속 팀의 승리를 위해서 혹은 팀 내에서 상위권의 성적을 거두는 선수가 되려면 약물을 복용해야 한다고 선수를 종용하기도 하지요.

• 일단 스테로이드를 복용하기 시작하면 약물의 체내 작용으로 느껴지는 짜릿한 쾌감에 중독되기 쉽습니다. 스테로이드 같은 약물에 중독된 경우 갑자기 복용을 중단하면 우울증을 앓기도 합니다.

• 많은 운동선수가 자신에게는 스테로이드 부작용이 나타나지 않을 거라 믿습니다.

스테로이드를 복용하는 운동선수들 사이에서 공통점을 찾기는 어렵습니다. 대체로 여성 선수보다 남성 선수가 스테로이드를 많이 복용하는 편이지요. 하지만 성별에 따른 차이를 제외하면 스테로이드 복용의 경향성을 발견하기가 힘듭니다. 스테로이드를 복용하는 운동선수의 비율은 빈부 격차나 인종을 막론하고 모두 비슷합니다. 미국의 프로 선수를 대상으로 실시한 조사에 따르면 프로 운동선수의 66퍼센트가 스테로이드를 사용했고, 여성 선수 중에서는 33퍼센트 이상이 스테로이드를 사용했다고 해요. 그렇다면 전 세계의 통계치는 어떨까요? 전 세계의 프로 선수를 대상으로 조사한 통계 역시 미국의 조사 결과와 유사할 것으로 예측됩니다. 스포츠의 생명은 속도와 힘이니까요. 그러니 스테로이드의 유혹을 이겨 내기란 어려운 일이지요. 종목별로 살펴보아도 스테로이드 사용자가 발견되지 않은 '깨끗한' 스포츠 종목은 별로 없어요.

청소년과 스테로이드

청소년 선수는 학교 체육 코치, 트레이너, 대학이나 프로 팀에게 점점 큰 압박을 받고 있습니다. 코치는 청소년 선수에게 '경쟁력 있는 선수가 되고 싶으면 몸을 더 키우고 더 빨리 뛰라.'고 요구하지요. 이와 같이 조언을 빙자한 압박을 받는 청소년 선수 중 일부는 고강도 훈련과 긴 **시즌**을 버텨내기 위해서 스테로이드 같은 기량 향상 약물의 도움을 받아 힘을 끌어올리려고 합니다.

미국의 한 조사는 약 50만 명이나 되는 미국 청소년이 스테로이드를 복용한 경험이 있다는 충격적인 결과를 밝혔어요. 영국, 캐나다, 호주, 스웨덴의 조사 결과도 이와 비슷했습니다. 현실적으로 청소년이 생각보다 손쉽게 스테로이드를 구입할 수 있는 여건입니다. 스테로이드는 성인보다 청소년에게 훨씬 위험한 약물인데도요. 스테로이드가 성인보다 청소년에게 더 큰 위해를 가하는 이유는 다음과 같습니다.

- 대부분의 청소년은 자신이 최고라고 생각합니다. 아직 어리고 건강한 자신이 스테로이드 때문에 심각한 병에 걸리거나 죽을 거라고는 꿈에도 생각하지 않지요.
- 위험한 행동을 제지하는 뇌의 영역은 25세가 되어야 완전히 발달합니다. 따라서 십 대나 이십 대 초반의 사람들은 그보다 나이가 많은 성인보다 더 충동적이고 위험한 행동을 할 가능성이 높아요. 스테로이드 과다 복용 같은 행동이 바로 그러한 위험한 행동에 속하지요.
- 청소년은 대개 의사의 처방 없이 스테로이드를 구입하고 복용합니

사례탐구 '몸 키우기'에 대한 압박감

테일러 후튼은 재능이 뛰어난 미국의 청소년 야구 선수였다. 후튼은 최고의 투수가 되고 싶어 했다. 그러던 중 코치 한 명이 "최고의 투수가 되려면 일단 몸을 더 키워야 한다."고 조언했다. 하지만 그 코치는 몸을 키워야 한다고 말했을 뿐 자세한 운동 방법을 알려 주거나 구체적인 훈련 계획을 제안하지는 않았다. 그래서 후튼은 혼자 힘으로 몸을 키울 방법을 찾아야 했다. 노력 끝에 후튼이 찾아낸 방법이 바로 스테로이드였다. 후튼은 집 근처 체육관에서 불법으로 스테로이드를 구입했다.

원래 후튼은 키 188센티미터에 몸무게 88킬로그램으로 결코 작지 않은 체구의 소유자였다. 하지만 후튼은 스테로이드를 복용해서 몸무게를 무려 13킬로그램이나 증량했고 덕분에 45킬로그램짜리 역기를 쉽게 들어 올릴 수 있게 되었다. 그런데 스테로이드가 후튼의 몸뿐만 아니라 행동도 변하게 했다. 후튼은 지금껏 하지 않았던 이상 행동을 하기 시작했다. 마구 소리를 지르고 책상과 벽을 주먹으로 치는 등 공격적으로 변한 것이다. 의사는 우선 후튼이 스테로이드를 끊도록 했다. 그리고 스테로이드 복용 중단에 뒤따를 수 있는 우울증에 대비하여 항우울제를 처방했다. 그러나 몇 주 뒤 후튼은 스스로 목을 매어 생을 마감하고 말았다.

후튼이 죽음에 이르게 된 이유는 무엇일까? 후튼의 부모는 아들의 죽음이 스테로이드 때문이라고 생각하고 다른 청소년 선수의 부모들에게 스테로이드의 위험에 대해 알리기 시작했다. 후튼의 학교 코치에게도 비난이 쏟아졌다. 건강한 방법은 제시하지 않고 단순히 몸을 키우라고만 재촉했기 때문이다. 후튼의 비극적인 죽음은 청소년의 스테로이드 사용 문제에 대한 관심을 환기했다. 또한 사회 전체가 청소년이 스테로이드에 손을 대는 원인에 대해 고민하도록 하는 계기가 되었다.

다. 그래서 약물에 대한 의사의 조언을 듣지 못해요.

- 스테로이드는 테스토스테론을 합성한 약물입니다. 따라서 스테로이드를 복용하면 우리의 몸이 테스토스테론을 필요보다 적게 생산하지요. 스테로이드를 테스토스테론으로 착각하기 때문이에요. 청소년의 몸은 활발한 성장으로 인해 다량의 테스토스테론을 필요로 하는데, 이때 스테로이드를 사용한 탓에 테스토스테론이 부족해지면 근육을 비롯하여 전반적인 신체 발달이 멈추는 경우가 많습니다.
- 스테로이드의 부작용에 대해 무지한 청소년이 많습니다.
- 스테로이드 복용이 헤로인, 코카인, 엑스터시와 같은 마약에 중독되는 첫걸음이 될 수 있습니다. 청소년은 스테로이드 때문에 나타나는 공격성, 불안, 불면증을 줄이기 위해 다른 약물, 심지어 마약에까지 손을 댑니다. 청소년에게 이런 마약을 공급하는 사람들은 주로 청소년에게 스테로이드를 공급하던 판매상인 경우가 많습니다.

스테로이드와 윤리

스테로이드 복용이 위험하다는 명제에는 의심의 여지가 없습니다. 하지만 '위험'하다는 말이 '잘못'이라는 말의 동의어는 아니지요. 따지고 보면 스포츠를 하는 행위 자체에도 부상을 당해서 건강을 해칠 위험이 있으니까요. 그렇다고 우리가 스포츠를 잘못된 일이라고 취급하지는 않아요. 그러면 스테로이드 사용은 단순히 위험한 일일까요, 아니면 잘못된 일이기도 할까요?

1990년대에서 2000년대 사이 메이저리그에서는 홈런이 터지는 일이 크게 늘었습니다. 새미 소사, 마크 맥과이어, 배리 본즈 같은 야구 슈퍼스타가 모두 이 시기에 홈런 신기록을 달성했지요. 그러나 이 슈퍼스타들은 신기록을 달성한 동시에 규정을 어겼습니다. 선수들이 신기록을 달성하기 위해서 스테로이드 및 다른 기량 향상 약물을 복용했다는 사실을 시인했거든요.

많은 야구팬이 이 사실을 알고 커다란 배신감에 사로잡혔습니다. 슈퍼스타가 세운 위대한 기록에 의문을 제기하기도 했지요. 예를 들어 마크 맥과이어는 야구 역사상 두 번째로 많은 홈런 기록을 달성했습니다. 보통 이렇게 훌륭한 기록을 달성한 선수는 무난하게 '야구 명예의 전당' 후보에 올라요. 하지만 마크 맥과이어는 명예의 전당 후보에 오르지 못했습니다. 많은 사람이 그 이유를 스테로이드 복용에 대한 대중의 실망감이 후보 선정에 반영되었기 때문이라고 짐작합니다. 또 많은 팬들이 새미 소사, 마크 맥과이어 같은 '스테로이드 시대' 선수의 기록에는 따로 별표(*)를 해야 한다고 목소리를 높여요. 이들은 약물의 도움으로 달성한 기록과 정당한 방식으로 세운 기록을 확실히 구분해야 한다는 이유를 내세우지요.

스테로이드 복용이 부정행위일까요?

스포츠 팬은 자신이 응원하는 선수가 스테로이드를 복용했다는 사실을 알면 분노하고 실망합니다. 선수가 스테로이드로 자신의 몸을 망가뜨릴까봐 분노하는 걸까요? 물론 그러한 이유도 있겠지만 대부분의 경우 경기에서의 멋진 활약과 훌륭한 기록 등 선수가 지금까지 이룬 모든 성취가 선수 개인의 노력으로 이룬 공정한 성과라고 믿기 때문이지요. 스테로이드는 선수의 가치뿐 아니라 선수가 세운 업적의 가치까지 떨어뜨립니다. 그렇다면 스테로이드 복용은 부정행위일까요? 그래서 스테로

스테로이드 사용은	불공정하다	공정하다
'깨끗한' 선수에게서 돈과 꿈을 빼앗는다	스테로이드 사용자는 '깨끗한' 선수를 속여서 상금뿐만 아니라 꿈까지 앗아간다. 만연한 스테로이드 복용 때문에 스포츠 팬은 정당한 방법으로 놀라운 업적을 이룬 '깨끗한' 선수까지 의심하게 된다.	스테로이드 사용을 전면 허가하면 아무도 불법을 저지르지 않게 된다. 또한, 스테로이드를 복용했다는 이유로 선수가 팬에게 고소당할 일도 사라진다.
불공정한 이득을 유발한다	스테로이드를 사용하는 선수는 정당하지 않은 방법으로 경기에서 이득을 취한다.	스테로이드 복용은 몇몇 선수만이 하는 경우에만 불공정한 행위다. 스테로이드 사용이 합법화되면 모든 선수가 똑같이 사용할 수 있게 된다.
경기를 너무 쉽게 풀리게 한다	스테로이드는 선수가 마땅히 자신의 노력으로 메워야 하는 부분을 손쉽게 해낼 수 있게 한다. 이는 일종의 속임수다.	기량을 향상시키는 최신식 운동 장비와 스테로이드가 무슨 차이가 있는가? 스테로이드 복용이 반드시 승리를 보장하지도 않는다. 스테로이드를 복용한다고 해도 선수 스스로 노력을 게을리 하지 않아야 승리할 수 있다.
선수를 '인간 로봇'으로 만든다	여타 기술과 달리 스테로이드는 실제로 선수의 신체에 화학적 변화를 일으킨다. 스테로이드는 선수의 능력과 힘이 선수가 원래 지닌 것인지 스테로이드 때문에 일시적으로 나타난 것인지 구분하기 어렵게 한다.	단백질 같은 물질도 신체에 변화를 일으킨다. 하지만 아무도 단백질 보충제가 부정행위라고 지적하지 않는다. 단백질 보충제는 기량을 향상시키는 데 좋으니 허용하고 스테로이드는 '너무' 좋으니 허용하지 않겠다는 의미인가?
청소년에게 좋지 않은 본보기다	청소년은 특정 스포츠 스타를 우상으로 삼아 모방하려는 경향이 강하다. 따라서 스포츠 스타가 스테로이드를 복용하면 청소년에게 좋지 않은 영향을 미친다.	스테로이드 복용이 나쁜 본보기가 되려면 먼저 스테로이드의 위험성이 증명되어야 한다. 하지만 아직까지 스테로이드 (소량)복용의 위험성은 증명된 바 없다.
스포츠 정신을 해친다	진정한 스포츠 정신은 온갖 수단과 방법을 가리지 않는 승리가 아니라 공정한 경쟁을 뜻한다. 스테로이드 사용은 이러한 스포츠 정신을 해친다.	스포츠 산업은 승리를 중시한다. 승리라는 결과에는 보상을 주는 반면 승리를 위해 스테로이드를 사용하면 벌을 주는 이중성은 이해하기 힘들다.
위험하다	스테로이드 복용은 장기적으로 심각한 신체 손상을 불러일으킨다.	스테로이드의 위험성은 과장되었다. 아직 스테로이드의 부작용에 대한 체계적인 연구 결과가 나오지 않았다.

이드 복용이 선수와 선수의 업적을 평가 절하시키는 걸까요?

결론부터 말하자면, 그렇습니다. 만약 모든 선수가 스테로이드를 사용할 기회를 누린다면 최소한 모두에게 공평한 조건이 마련되기는 하겠지요. 하지만 동시에 스테로이드를 사용해서 얻고자 했던 경쟁 우위도 함께 사라지게 될 거예요. 스테로이드 사용에 대한 찬반 양론이 궁금하다면 앞 쪽의 표를 보세요.

쟁점	스테로이드 사용을 금지해야 한다	스테로이드를 합법화해야 한다
법 집행 비용	비용 절감과 선수의 안전 보장, 공정성 유지 중에 무엇이 가장 중요한가? 이는 도둑을 잡는 데 드는 비용을 줄일 수 있다면 절도도 합법화하겠다는 논리다.	처방전 없이도 스테로이드를 구매할 수 있도록 하면 약물 관련 법 집행에 드는 비용이 절감된다.
엔터테인먼트 요소	스테로이드가 합법화되어 누구나 사용하면 스테로이드로 인한 경쟁 우위도 사라진다. 또한 현재 대다수의 스포츠 팬이 스테로이드 사용을 비난하고 있다. 스테로이드 사용이 합법화되어 모든 선수가 스테로이드를 사용하면 스포츠 팬이 이 사실을 어떻게 받아들이겠는가?	현재 스포츠 팬은 스테로이드 사용에 대해 부정적이지만 스테로이드 복용이 보편적인 현상이 되면 결국 더 자주 경기장을 찾을 것이다. 스테로이드 복용을 통해 선수의 기량이 향상되면 스포츠 경기가 더 흥미진진해지기 때문이다.
규제와 안전성 보장	스테로이드 복용 때문에 사망한 사람이 많지 않은 것은 스테로이드의 사용량이 알코올이나 헤로인 같은 물질보다 적기 때문이다. 스테로이드가 합법화되면 자연히 스테로이드로 인해 사망하는 사람도 늘어난다. 의사가 스테로이드 사용을 아무리 면밀히 관찰한다고 해도 스테로이드가 건강을 크게 위협한다는 사실은 변하지 않는다.	약물을 합법화한다는 말은 정부 기관이 스테로이드의 제조, 판매 및 안전성까지 통제한다는 의미다. 스테로이드를 합법화하면 전문 지식을 갖춘 의사가 유통 과정을 안전하게 만드는 데 관여하여 안전성이 보장된다. 또한, 스테로이드를 복용하는 선수를 합법적으로 감시·관찰할 수 있다.
지나친 간섭	스테로이드 복용은 흡연과 같다. 당사자뿐만 아니라 주위 사람에게도 해를 끼치기 때문이다. 한 선수가 스테로이드를 복용하면 다른 선수도 그 선수와 경쟁하기 위해 위험한 약물을 복용한다. 그러면 결국 모든 선수가 건강을 해치거나 큰 불이익을 겪게 된다.	스포츠 리그는 운동선수가 해도 되는 행동과 해서는 안 되는 행동에 대해 지나치게 관여한다. 스테로이드 다음에는 무엇이 금지될까? 선수 보호를 위해 통행금지 시간을 지정하고 패스트푸드 섭취나 운전 중 과속 같은 행위까지 금지해야 하지 않을까?

스테로이드를 금지해야 할까요?

어떤 사람들은 규정을 바꾸어서 스포츠 선수의 스테로이드 사용을 합법화한다면 불공정함이 어느 정도 해결되고 일부 위험성까지 사라질 거라고 생각합니다. 스테로이드 사용 합법화에 대한 찬반 양쪽의 주장을 살펴보려면 앞 쪽의 표를 보세요.

양측의 주장에는 모두 일리가 있습니다. 많은 이들이 이 문제의 핵심을 스테로이드의 유해성이라고 생각하지요. 스테로이드 복용의 이점 때문에 그로 인한 위험성이 정당화될 수 있을까요?

금메달리스트인 미국의 수영 선수 메건 콴은 '기량 향상 약물을 복용한 선수는 떳떳한 선수에게서 희망, 꿈, 돈을 모조리 빼앗는 사람이다.'라는 본인의 생각을 밝혔다.

만약 기량 향상 약물을 복용하고 참가한 운동 경기에서 우승했다면 어떤 느낌이 들까? 자신이 거둔 승리가 자랑스러울까, 아니면 부끄러울까? 약물을 복용했다는 사실이 발각될까봐 두려울까? 벤 존슨은 1988년 서울 올림픽 육상 경기에서 우승을 거둔 뒤 어색한 미소를 지었다. 벤 존슨의 라이벌인 칼 루이스는 당시 벤 존슨이 스테로이드를 복용하고 딴 금메달에 대해 죄책감을 느껴서 마음껏 웃지 못했을 거라고 말했다.

- 스테로이드는 남성 호르몬인 테스토스테론과 유사한 작용을 하는 물질이다. 운동, 식단 조절과 스테로이드 복용을 병행하면 빠른 시일 내에 근육을 키울 수 있다. 스테로이드는 대표적인 복용 금지 약물이다.
- 운동선수가 스포츠 경기에서 좋은 성적을 거두기 위해 스테로이드를 복용하는 일은 제법 흔하다. 하지만 스테로이드는 다양한 부작용을 일으키며 특히 청소년이 복용할 경우 성장까지 저해하는 위험한 약물이다.
- 스포츠 세계에서는 스테로이드 복용이 과연 부정행위인지를 둘러싸고 논란이 일고 있다.

4
CHAPTER

기량 향상 약물과
보충제

운동선수가 경쟁 우위를 획득하기 위해 복용하는 약물은 스테로이드뿐만이 아닙니다. 많은 선수가 경쟁력은 얻으면서도 약물 검출은 교묘히 빠져나가기 위해 다양한 기량 향상 약물과 보충제 제품을 복용합니다. 운동선수가 더 뛰어난 기량을 선보이기 위해 사용하는 다양한 편법을 알아봅시다.

운동선수가 경쟁 우위를 획득하기 위해 복용하는 약물은 스테로이드뿐만이 아닙니다. 많은 선수가 경쟁력은 취하면서 약물 검출은 피할 수 있는 다양한 기량 향상 약물과 보충제 제품을 복용합니다. 운동선수가 더 뛰어난 기량을 선보이기 위해 사용하는 다양한 편법에 대해 알아봅시다.

각성제

육상 스타 벤 존슨은 1988년 서울 올림픽에서 스테로이드를 복용한 사실이 발각되어 금메달을 박탈당했습니다. 금메달은 자연히 2위였던 칼 루이스에게 돌아갔지요. 그런데 수년 뒤 놀라운 사실이 밝혀졌습니다. 칼 루이스 역시 서울 올림픽 직전에 치러졌던 미국 국가 대표 선발전 도핑 테스트에서 양성 판정을 받았던 거예요. 규정상 국가 대표 선발전에서 약물이 검출된 선수는 올림픽에 출전할 수 없습니다. 그러나 미국 올림픽 조직 위원회가 칼 루이스의 약물 복용을 눈감아 주었지요. 미국 국가 대표 선발전의 도핑 테스트 당시 칼 루이스의 몸에서는 **에페드린**, 슈도에페드린, **페닐프로판올아민**이 검출되었습니다. 이는 모두 금지된 각성제입니다.

일반적인 감기약에 들어있는 카페인 성분도 엄밀히 말하면 각성제에 속합니다. 누구든 자기도 모르는 사이에 각성제를 복용할 가능성이 있다는 뜻이지요. **국제 올림픽 위원회**(IOC, International Olympic Committee)는 2004년까지 올림픽 출전 선수의 카페인 과다 복용을 금지했습니다. 2004년 뒤로는 결국 카페인 금지를 철회했지만요. 선수들은 그제야 마음 놓고 커피나 탄산수처럼 카페인이 함유된 음료를 마실수 있었습니다.

사실 각성제를 완전히 금지하기란 까다로운 일입니다. 각성제가 함유된 감기약이 많기 때문이지요. 칼 루이스 역시 도핑 테스트에서 검출된 각성제가 자신이 먹은 감기약에서 나온 것이라고 변명했어요. 미국올림픽 조직 위원회가 이 변명을 인정하고 선처를 베풀었지요. 하지만칼 루이스의 경우와 달리 안타깝게도 이미 돌이킬 수 없는 판정을 받은뒤에 진실이 밝혀진 억울한 사연도 있습니다.

스코틀랜드의 스키 선수 앨런 백스터는 2002년 솔트레이크시티 동계올림픽에서 동메달을 획득했습니다. 그러나 코 막힘 증상에 사용하는 약물 때문에 메달을 박탈당했어요. 시간이 지난 뒤 금지 약물을 복용하지않았다는 사실이 밝혀지며 앨런 백스터의 명예는 회복되었습니다. 그렇다고 메달까지 되찾지는 못했어요. 결정을 번복하기에는 이미 시간이 너무 많이 흘렀거든요. 루마니아의 체조 선수 안드레아 라두칸은 2000년시드니 올림픽에서 약물 양성 판정을 받아 금메달을 박탈당했습니다. 안드레아 라두칸은 경기 직전 팀 주치의에게 감기약을 처방받았는데, 그

약에 포함된 슈도에페드린 성분 때문이었지요. 슈도에페드린은 각성제의 일종이거든요. 아니나 다를까, 라두칸에게서 검출된 각성제의 양은 겨우 감기약 한 알 정도 분량이었어요. 이처럼 무심코 먹은 약에 들어 있던 각성제 때문에 자격 정지를 당하는 경우가 비일비재합니다. 그래서 운동선수는 늘 신중하게 약을 복용해야 합니다.

산소량 늘리기: 혈액 도핑

최고의 실력을 자랑하던 사이클 선수 여덟 명이 갑작스러운 심장 마비로 세상을 떠났습니다. 2003년에서 2004년까지 고작 13개월의 기간 동안 일어난 일이었지요. 죽은 선수들의 나이는 16세에서 35세 사이였고 그중 네 명은 24세도 채 안 된 어린 선수였습니다. 이들의 사망률은 또래 집단의 평균 사망률을 훨씬 웃도는 수치였어요. 특히 건강한 운동

스코틀랜드의 스키 선수인 앨런 백스터는 2002년 솔트레이크시티 동계 올림픽에서 동메달을 땄지만 약물 반응 검사에서 양성 반응이 나와서 메달을 박탈당했다. 앨런 백스터는 국제 스포츠 중재 재판소에 제소했다. 그러나 재판소는 고의가 아니었을지라도 금지된 약물 복용은 예외 없는 메달 박탈 사유라는 판결을 내렸다.

선수 중에서는 매우 드문 경우였지요.

확실히 증명하기는 어렵지만 이 선수들이 혈액 도핑을 했을 거라고 추정하는 사람이 많아요. 혈액 도핑은 혈관 내 적혈구의 수를 늘리는 방법입니다. 적혈구가 증가하면 선수의 근육과 폐에 도달하는 산소의 양도 증가하기 때문에 운동 능력이 좋아지지요. 스태미나도 증진되고요. 사이클, 장거리 달리기, 크로스컨트리 스키처럼 **지구력**이 필요한 종목의 선수에게는 혈액 도핑이 아주 효과적입니다. 혈관 내 적혈구 수를 늘리는 혈액 도핑 방법으로는 에리스로포이에틴(EPO, Erythropoietin) 주사, 자가 수혈, 저산소실을 이용한 산소 흡입량 조절 등이 있어요.

에리스포이에틴

에리스로포이에틴(EPO, Erythropoietin)은 적혈구 개수를 늘리는 합성 물질입니다. 하지만 동시에 혈액을 끈적하게 만들기 때문에 혈액 순환에 방해가 되지요. 그래서 EPO는 혈전, 고혈압, 뇌졸중, 심장 마비를 일으키는 원인이기도 합니다. 벨기에와 독일에서는 3년 동안 무려 스무 명에 이르는 사이클 선수가 원인 불명의 심장 마비로 사망했습니다. 원인은 EPO 주사로 짐작돼요. 결국 1990년대 초 세계 반도핑 기구가 EPO 사용 금지를 공식 발표했습니다.

EPO는 도핑 테스트로 잡아내기가 쉽지 않은 약물입니다. EPO 주사를 맞은 뒤 며칠만 지나면 소변에서 EPO 성분이 검출되지 않거든요. 증거가 이렇게 빨리 사라지는 반면 EPO의 효과는 수 주 동안 지속됩니다. 하지만 최근 세계 반도핑 기구가 EPO까지 효과적으로 검출할 수 있는 도핑 테스트 방법을 발표했습니다. 아마 이 새로운 테스트 방법 덕분에 EPO의 사용이 감소했을 거예요. 안타깝게도 EPO를 사용하려는 운동선수를 이 약물의 무시무시한 위험성만으로 막기란 역부족이었다는 사실이 드러난 거지요.

자가 수혈

EPO 도핑 테스트에서 양성 반응이 나타나는 위험을 감수하기 싫은 선수는 다른 방법을 쓰기도 합니다. 바로 자가 수혈 도핑입니다. 자가 수혈 도핑은 자신의 혈액을 약 0.5리터 뽑아서 몇 주 동안 저장해 두었다가 경기 당일 자신에게 다시 수혈해서 적혈구를 늘리는 도핑법입니다. 혈액 도핑 테스트를 통해서 자가 수혈 도핑 사실을 밝혀내기는 매우 어렵습니다. 인위적인 합성으로 만들어진 약물이 아니라 선수 자신의

사례탐구 *말에게도 도핑 테스트를!*

남보다 앞서려는 욕심 때문에 기량 향상 약물을 복용하는 것은 사람만이 아니다. 경주마 역시 기량 향상 약물을 복용한다. 사실 도핑 테스트는 원래 경주마를 대상으로 실시하는 검사였다. 2009년 한 경마 경기가 종료된 뒤, 영국 여왕 소유의 말이 트라넥사민산 테스트에서 양성 반응을 보였다. 트라넥사민산은 어린 경주마에게서 흔히 나타나는 혈액 감소를 방지하지만 금지 약물에 속한다. 영국 여왕은 "매우 실망스럽다."라며 사태에 대한 유감을 표했다.

혈액을 재주입하기 때문이지요. 하지만 자가 수혈 도핑에도 혈전, 뇌졸중 및 심장 마비의 위험이 여전히 뒤따릅니다.

저산소실

미국의 미식축구 선수인 팀 테보우를 비롯한 일부 스포츠 스타는 일반적인 방에서 잠을 자지 않고 저산소실이라고 부르는 조그마한 공간 안에서 잡니다. 저산소실은 감압실이라고도 부르지요. 저산소실 안에는 매우 적은 양의 산소가 공급됩니다. 높은 산꼭대기의 환경과 유사한 작은 방을 상상하면 됩니다. 저산소실 안에서 오래 머물다 보면 적은 양의 산소를 더욱 효과적으로 들이마실 수 있는 능력이 생기지요. 희박한 산소 때문에 폐활량이 좋아져서 지구력이 저절로 길러지는 거예요. 이러한 저산소 훈련 시설은 미국의 콜로라도 주와 인도의 발레와디에 세워졌습니다.

세계 반도핑 기구는 저산소실 이용을 금지하지 않습니다. 이에 대해 많은 선수가 일관성에 어긋날 뿐만 아니라 불공평한 처사라고 반발하지요. EPO와 자가 수혈은 상대적으로 비용이 적게 드는 반면 저산소실은 사용료가 비싸고 설치된 곳도 드무니까요. 한편 저산소실의 효과가 아직 과학적으로 증명된 바 없다는 주장도 있습니다.

코르티존으로 고통 감추기

운동선수는 부상을 당해도 계속 경기에 참가해야 한다는 상당한 압박감에 시달립니다. 특정 경기의 출전 여부가 선수 생활 전체를 좌우하

┃ 쿼터백을 담당하는 미식축구 선수 팀 테보우는 경기 뒤에 저산소 방을 이용한다.

는 경우가 많은데다가 선수권 대회에서는 연속해서 경기를 뛰는 능력이 필수적이기 때문이지요. 그래서 부상을 입은 선수들은 관절염의 증상을 완화시키고 통증을 줄여 주는 강력한 스테로이드인 코르티존 주사를 맞습니다. 하지만 많은 선수가 부상이 완전히 치유되지 않은 상태에서 경기에 출전했다가 상태를 악화시키기도 해요. 한 연구에 따르면 코르티존 주사를 맞은 사람은 아예 아무런 조치를 취하지 않았거나 물리 치료를 받은 사람보다 부상이 완치될 확률이 훨씬 낮았습니다. 재발 확률도 63퍼센트나 높았어요. 부상의 원인을 차근차근 치료하지 않고 언 발에 오줌 누기 식으로 순간의 고통만 경감시켰기 때문이지요.

　부상을 꼼꼼하게 치료해야 할 팀 주치의가 앞장서서 선수의 부상 사실을 감추는 사례도 있습니다. 결국 부상이 회복 불가능한 상태로 악화

되어 해당 선수가 자신의 소속 팀을 고소하는 파국으로 치닫지요. 이러한 일이 종종 벌어지는 원인은 팀 주치의가 받는 압박 때문이에요. 팀 주치의는 스포츠 구단에게 월급을 받는데, 보통 구단은 선수의 부상을 완치시키는 일보다 '일단 수습'해서 눈앞에 닥친 경기를 끌어 나가게 하는 일이 더 중요하다고 생각합니다. 그래서 팀 주치의를 강박적으로 채근하지요. 선수의 건강보다 팀의 이익을 우선시하는 선택을 하도록 하는 것입니다.

영양제

슈퍼마켓이나 건강식품 판매점에 가면 영양제 코너가 있습니다. 비타민, 미네랄, 허브 추출물 등이 함유된 각종 영양제는 저마다 본 제품이 건강에 탁월한 효과가 있고 에너지를 샘솟게 한다고 외칩니다. 운동선수에게 영양제는 안전하면서 경기력 향상에도 도움을 주는, 금지 약물의 매력적인 대체재처럼 보이지요. 과연 그럴까요?

영양제 산업을 법으로 규제하는 국가는 많지 않습니다. 영양제 제조업체가 스스로 자사 제품의 안전성이나 효과를 입증할 필요가 없다는 뜻이지요. 따라서 특정 영양제의 안전성과 효과를 입증하는 일은 자연히 식품의약품 안전청 같은 정부 기관의 몫으로 남습니다. 또 스포츠계에서는 사용이 허용되는 영양제도 있고 금지되는 영양제도 있지요. 이 때문에 많은 이들이 혼란을 겪어요.

일부 영양제 제품에는 금지된 성분이 섞여 있습니다. 예를 들어 어떤 비타민제와 에너지 드링크에서는 난드롤론이라는 금지 성분이 발견되었어요. 영국의 테니스 선수 그렉 루세드스키는 식이 보충제를 복용한 뒤에 약물 양성 반응을 보였지요. 보충제 안에 금지 약물 성분이 함유되어 있었기 때문입니다. 그렉 루세드스키 같은 봉변을 당한 선수가 한둘이 아니에요. 운동선수가 영양제를 섭취하려면 이러한 위험을 감수해야 합니다.

다른 분야에서 벌어지는 약물 복용

약물 복용은 스포츠 세계에서만 벌어지는 일이 아닙니다. 가령 많은 연주자가 연주를 하기 전에 법이 허가하는 약물을 복용합니다. 연주 직전의 긴장감을 가라앉히기 위해서지요. 음악 분야에서는 허용되는 약

영양제 제조 업체는 영양제가 운동선수의 체력과 에너지를 증진시키는 데 도움이 된다고 주장한다. 하지만 영양제 제조 업체는 자신의 주장을 뒷받침할 증거를 제시할 법적 의무가 없다. 근거 없는 주장을 한 뒤 문제가 생기면 발뺌할 수도 있다는 뜻이다.

물이 왜 스포츠 분야에서는 금지될까요?

어떤 사람들은 스포츠가 아닌 다른 분야에서도 약물 복용을 금지해야 한다고 주장합니다. 프로 음악가라면 스스로 긴장을 잘 다스릴 줄 알아야 한다는 이유를 들지요. 이 주장에 반대하는 사람도 있습니다. 음악 연주는 기록을 측정하고 비교하는 스포츠 경기와 본질적으로 다르니까요. 또 약물이 음악가에게 가장 중요한 연주 기술을 향상시키지는 못하는 반면 스포츠 선수에게 가장 중요한 달리기나 점프 능력은 향상시킵니다.

약물에 대한 애증

우리는 약물에 대해 양가감정을 가지고 있습니다. 다시 말해 약물에 거부감을 느끼면서 동시에 약물을 원하기도 하지요. 사람들은 세상의 모든 질병을 치료하기 위해 계속해서 약물이 개발되기를 바랍니다. 하지만 동시에 약물을 '손쉬운 지름길' 또는 편법으로 간주해요. 특히 스포츠 세계에서 약물 사용은 맹비난을 받는 행위입니다. 약물 사용을 둘러싼 스포츠계의 논쟁은 스포츠를 계속 특별한 존재로 남겨 두려는 노력의 일환인지도 모릅니다. 개인의 순수한 노력과 기술, 신체와 마음의 단련을 중시하는 분야가 바로 스포츠니까요. 그리고 알다시피 우리 사회에서 이러한 분야는 얼마 남지 않았어요. 그러니 약물 금지를 스포츠만큼은 순수한 영역으로 지키고 싶은 소망의 발현이라고 볼 수 있겠지요.

약물은 삶의 모든 문제를 해결하고 치료하는 마법의 약이 아닙니다. 스포츠를 비롯한 모든 분야가 그렇지만 특히 스포츠에서는 부단한 노력과 단련 없이 절대 최고가 될 수 없어요.

생각해 보기

애더럴은 **주의력 결핍 및 과잉 행동 장애**(ADHD, Attention Deficit Hyperactivity Disorder)나 **기면증**을 앓는 환자에게는 '구원의 약'이다. 집중력을 향상시키기 때문에 ADHD나 기면증을 앓는 이들에게 유용하게 작용하는 것이다. 하지만 이러한 장애와 무관한 일부 학생과 운동선수가 애더럴을 구하려고 하는 경우가 있다. 학생은 학습 집중력을 높여 좋은 성적을 거두기 위해서, 선수는 경기 집중력을 높이고 피곤함을 덜 느끼기 위해서 애더럴을 찾는다.

법률에 따르면 애더럴 같은 약물을 처방전 없이 구입하는 행위는 불법이다. 하지만 학생이 애더럴을 복용했다는 이유로 정학 등의 징계를 당하지는 않는다. 그런데 운동선수는 아주 소량의 애더럴만 검출되어도 출전 자격 정지를 당한다. 많은 운동선수가 이러한 규칙을 이중 잣대라고 비난한다. 왜 운동선수는 학생과 똑같은 권리를 누릴 수 없는가?

간추려 보기

- 운동선수가 사용하는 기량 향상 약물로는 스테로이드, 각성제, 영양제 등이 있다. 그 외에도 EPO, 자가 수혈, 저산소실을 이용하거나 혈액 도핑을 하기도 한다.
- 기량 향상 약물 중 어느 것은 규정상 허용되고 어느 것은 금지된다. 이때 금지와 허용의 기준이 명확하지 않기 때문에 많은 이들이 이의를 제기한다. 스포츠가 아닌 다른 분야에서는 금지 약물의 복용을 제지하지 않는다는 점도 또 하나의 논란거리다.

5

약물 테스트

운동선수들은 약물 테스트를 통과하기 위해서 수없이 많은 방법을 시도합니다. 약물 테스트가 스포츠에서 금지 약물 사용을 제한하기 위한 가장 공정한 방법이기는 합니다. 하지만 한편으로 약물 테스트 기관은 많은 윤리 문제에 부딪히지요.

1978년 '투르 드 프랑스(Tour de France)' 대회에 참가

한 벨기에의 사이클 선수 미헬 폴렌티어는 출발을 알리는 총성과 함께 거침없이 질주하여 승리를 거두었습니다. 잠시 뒤 미헬 폴렌티어가 약물 테스트를 받기 위해 페달을 멈추었습니다. 그리고 곧 겨드랑이 아래에 소변관을 감추고 있었다는 사실이 발각되었지요. 약물 테스트를 통과하기 위해 미리 준비해 두었던 '깨끗한' 소변을 이용할 생각이었던 거예요. 결국 폴렌티어는 경주 출전 자격을 박탈당했습니다. 선수로서의 생명도 함께 끝나고 말았지요.

미헬 폴렌티어 같은 편법을 시도했던 선수가 한둘이 아닙니다. 이 방법 외에도 약물 테스트를 통과하기 위해서 시도되었던 수법이 수없이 많아요. 현재까지는 약물 테스트가 스포츠에서 금지 약물의 사용을 제한하는 가장 공정한 방법입니다. 하지만 한편으로 약물 테스트 기관은 많은 문제에 부딪히며 어려움을 겪지요.

약물 테스트의 문제

대부분의 기량 향상 약물은 유통 자체가 불법입니다. 따라서 스테로이드를 비롯한 약물을 판매하는 엄청난 규모의 암시장이 형성되어 있어요. 암시장을 조직하는 세력은 현재의 약물 테스트 기술로는 잡아낼 수 없는 신약과 약물 사용이 드러나지 않게 하는 '**가리움제**'를 개발하는 데 어마어마한 돈을 투자합니다. 약물 테스트 기관은 이러한 지하 조직의 신기술에 대응하기 위해 신약과 가리움제 사용을 밝혀내려고 필사적으로 노력하고요. 불법 약물 개발·판매 조직과 약물 테스트 기관은 마치 칼과 방패 같은 관계지요.

예를 들어 과거에는 많은 운동선수가 성장을 촉진하고 세포 생산을 자극하는 인간 성장 호르몬(HGH, Human Growth Hormone)을 스테로이드의 대체재로 사용했어요. 스테로이드와 달리 HGH는 약물 테스트로 검출하기 어렵기 때문이지요. 하지만 2004년, 결국 HGH 사용 여부를 알아낼 수 있는 효과적인 검증 방법이 개발되었습니다. 2010년에는 영국의 럭비 선수인 테리 뉴튼이 공식적인 약물 테스트에서 HGH 양성 반응을 보인 최초의 선수라는 오명을 얻기도 했지요.

증거 숨기기

가리움제는 선수의 소변 샘플에서 금지 약물이 검출되지 않도록 하기 위해 사용하는 물질입니다. 그래서 모든 종류의 약물 테스트에서 가리움제 사용이 금지되지요. 어떤 선수는 약물 복용의 증거를 숨기기 위해 소변량을 증가시키는 이뇨제를 가리움제로 이용하기도 합니다. 금지 약물이 체내에서 더 빨리 배출되게 하려는 목적입니다.

스테로이드 복용 기간은 보통 4주에서 6주입니다. 스테로이드의 효

사례탐구 미첼 스미스와 가리움제

아일랜드의 수영 선수 미첼 스미스의 1993년 세계 랭킹은 90위였다. 미첼 스미스는 그로부터 고작 3년 뒤인 1996년 애틀랜타 올림픽에서 금메달 세 개와 동메달 한 개를 목에 거는 기염을 토했다. 많은 사람이 미첼 스미스의 믿을 수 없는 성과에 의심의 눈초리를 보냈다. 금지 약물을 복용했을지도 모른다는 의혹 때문이었다. 하지만 미첼 스미스는 한 번도 약물 테스트에서 양성 판정을 받은 적이 없었다.

1998년 약물 테스트 검시관 두 명이 미첼 스미스의 집을 찾았다. 두껍고 펑퍼짐한 스웨터를 입은 채로 모습을 드러낸 미첼 스미스가 자신의 소변 샘플을 검시관에게 건넸다. 검시관은 이 소변 샘플을 실험실로 가져와 검사했다. 미첼 스미스의 소변 샘플 안에서는 치사량에 해당하는 알코올이 검출되었다. 미첼 스미스가 스웨터 밑으로 위스키 한 병을 감추었다가 소변 샘플에 섞어서 제출한 것이다. 위스키를 가리움제로 사용한 셈이다. 미첼 스미스는 이 사건으로 인해 4년 동안 출전 자격 정지를 당했다.

아일랜드의 수영선수 미첼 스미스는 약물 테스트 조작이 드러난 뒤에도 금메달을 박탈당하지 않았다. 하지만 출전 자격 정지로 인해 미첼 스미스의 선수 생활은 사실상 끝난 것이나 다름없다.

과를 제대로 보기 위해서는 4주에서 6주 동안 꾸준히 복용해야 한다는 말이지요. 스테로이드를 4주에서 6주 정도 복용한 뒤에는 동일한 기간, 즉 4주에서 6주 동안은 약을 끊어서 몸이 쉴 수 있게 해야 합니다. 그러니 선수가 사전에 약물 테스트 시행 시기를 알면 스테로이드 복용 기간을 미리 조절할 수 있지요. 약물 테스트 전에 스테로이드가 신체에서 배출되게끔 복용 날짜를 맞추면 되니까요. 약물 테스트를 주관하는 기관은 이러한 편법을 막으려고 테스트 날짜를 미리 공지하지 않고 무작위로 실시합니다. 최대한 정확한 검사를 위해서지요.

스테로이드를 주사가 아닌 알약의 형태로 복용하는 선수도 있습니다. 알약 스테로이드가 주사로 맞는 스테로이드보다 체내에서 빨리 배출되기 때문입니다. 하지만 스테로이드 알약은 간에 심각한 손상을 입힙니다. 스테로이드 주사보다 훨씬 인체에 위험하지요. 선수들은 약물 테스트를 무사히 통과하기 위해 몸이 상하는 위험을 무릅씁니다.

약물 테스트가 늘 정의의 편은 아닙니다. 약물 테스트와 관련된 윤리 문제도 많이 제기되지요. 그중 일부는 다음과 같아요.

무죄가 입증될 때까지 유죄?

대부분의 국가는 무죄 추정의 원칙을 법으로 보장합니다. 무죄 추정의 원칙이란 용의자의 유죄 사실이 확실하게 입증될 때까지 용의자를 무죄로 가정해야 한다는 규정입니다. 죄 없는 사람을 무턱대고 죄인 취급하는 일이 없도록 하기 위해 만들었지요. 그런데 운동선수는 무죄 추정의 원칙에 따라 보호받지 못하고 무조건 유죄로 취급받습니다. 운동선수는 자신의 떳떳함을 입증하기 위해 의무적으로 약물 테스트를 받아야 해요. 만약 약물 테스트를 거부하면 출전 자격이 정지되지요. 이는 법이 보장하는 무죄 추정의 원칙과 반대되는 처사가 아닐까요? 법은 모든 사람에게 평등하게 적용되어야 하는데 말이에요.

지나침의 기준

아무리 많은 규정과 새로운 테스트 방식을 개발한다고 해도 스테로이드를 복용한 선수가 약물 테스트를 통과하는 일은 가능합니다. 스테로이드 양성 반응 판정은 소변에서 검출되는 테스토스테론이 정상 수치의 네 배 이상인 경우 내려집니다. 선수마다 자연 상태의 테스토스테론 수치에서 개인차를 보이기 때문에 네 배까지는 허용하는 것이지요. 하지만 이러한 규정이 출전 자격을 정지당하지 않으면서 스테로이드를 맞을 수 있는 틈새입니다. 스테로이드를 맞고 나서도 테스토스테론이 정상 수치의 네 배 이하이기만 하면 되니까요. 반면 스테로이드를 제외한 다른 기량 향상 약물은 소량만 검출되어도 약물 양성 판정을 받게 됩니다. 이러니 약물 테스트가 불공정하다는 비난을 들을 만하지요.

교차 오염

영양제나 식이 보충제에 들어있는 일부 성분은 라벨에 표시되지 않습니다. 그래서 운동선수가 금지 성분이 들어있다는 사실을 모른 채 보충제를 섭취할 수도 있어요. 이 때문에 많은 선수가 자격 정지를 당했지요. 일각에서는 이렇게 표시되지 않은 성분에 대한 책임까지 선수에게

물어서는 안 된다는 주장을 제기합니다. 선수도 의도치 않게 '**교차 오염**'의 희생자가 된 피해자라는 거예요. 하지만 교차 오염은 사기꾼의 핑계에 불과하다고 말하는 사람도 있습니다. 비단 일반인뿐만이 아니라 현역 운동선수도 교차 오염이라는 핑계를 비난하고는 합니다.

사생활을 보호받을 권리

스포츠 스타의 화려한 삶을 머릿속으로 그려 보세요. 어떤 모습이 그려지나요? 휴일에 집으로 들이닥친 검시관이 화장실까지 따라 들어가는 모습도 그려지나요? 그 모습은 아마 상상하기 힘들 거예요. 하지만 세계 반도핑 프로그램의 규칙을 따르는 선수의 삶이 실제로 그렇습니다. 아주 많은 선수가 검사 대상자 등록 명부(RTP, Registered Training Pool)에 등록되어 있습니다. 여기에 등록되어 있는 선수는 반드시 규정을 따라야 하지요. 규정상 선수들은 무작위로 약물 테스트를 받는데, 테스트는 시즌이 종료되어 경기가 열리지 않는 기간에도 시행됩니다. 또 선수는 의무적으로 반도핑 기관에게 소재지 정보를 제출해야 합니다. 그래야 반도핑 기관이 선수가 어디에 있는지를 늘 파악할 수 있기 때문이지요. 일단 테스트가 실시되면 테스트 기간 내내 반도핑 기관의 관계자가 선수의 일거수일투족을 함께 합니다. 심지어 소변 검사를 위해 소변을 채취할 때도 마찬가지에요. 만일 선수가 도핑 테스트를 거부하거나 반도핑 기관의 지시에 세 번 이상 불응하면 약물 테스트에서 양성 판정을 받은 선수와 똑같은 조치가 내려집니다. 출전 자격을 정지당할 수도 있어요.

사례탐구 알베르토 콘타도르과 교차 오염

  투르 드 프랑스에서 세 번이나 우승컵을 차지한 스페인의 사이클 스타 알베르토 콘타도르가 2010년 시행된 약물 테스트에서 양성 판정을 받았다. 클렌부테롤이라는 약물 성분이 검출되었기 때문이다. 이에 알베르토 콘타도르는 자신이 클렌부테롤에 오염된 쇠고기를 먹어서 교차 오염의 피해를 입은 것뿐이라며 결백을 주장했다. 그리하여 세계 반도핑 기구 관계자가 알베르토 콘타도르가 먹은 쇠고기가 생산된 도축장을 찾아갔다. 반도핑 기구 관계자는 그곳의 쇠고기를 샅샅이 검사했으나 결국 클렌부테롤 성분을 검출해 내지 못했다. 알베르토 콘타도르는 스스로 무죄를 입증해 내지 못할 경우 2년간 경기 출전 자격을 정지당하게 되고, 2010년의 우승 기록도 삭제될 수 있다.

알베르토 콘타도르는 금지 성분 검출로 약물 테스트에서 양성 판정을 받았다. 콘타도르는 약물 성분에 오염된 쇠고기를 먹었기 때문에 양성 판정을 받았다고 주장했다. 만약 그 주장이 거짓으로 판명되면 알베르토 콘타도르는 타이틀을 잃을 수도 있다.

이러한 약물 테스트 과정이 선수의 사생활을 침해한다고 생각하는 이들이 많습니다. 2009년 국제 조정 연맹은 세계 반도핑 기구에 공개 서한을 발송했습니다. 약물 테스트 때문에 선수가 스트레스와 불안감에 시달리고 있으며, 이러한 조치는 법에 위반된다는 내용의 서한이었지요. 약물 테스트에 대한 반대 의사를 공식적으로 표명한 것입니다. 혹시 자신이 약물을 복용하는 선수로 보일까 걱정한 나머지 사생활 보호라는 기본적인 권리를 당당하게 주장하지 못하는 선수도 많다고 해요. 물론 반대의 주장을 하는 선수도 있습니다. 미국의 수영 선수 메간 콴은 일 년에 스무 번 내지 서른 번의 약물 테스트를 받습니다. 하지만 메간 콴은 앞으로도 기꺼이 약물 테스트를 받겠다고 이야기하지요. 약물 테스트는 약물 없는 공정한 스포츠와 경쟁을 보장하기 위해 꼭 필요한 절차라고 생각하기 때문이에요.

간추려 보기

- 편법으로 기량을 향상시키려는 운동선수는 끊임없이 새로운 약물과 가리움제 복용을 시도한다. 선수에게 약물과 가리움제를 제공하는 지하 조직도 많으며 금지 약물을 공급하는 암시장도 형성되어 있다.
- 약물 테스트가 완전히 정의로운 일은 아니다. 약물 테스트는 선수 개인의 사생활을 침해하며 모든 운동선수를 유죄 취급하기 때문에 비판을 받기도 한다.

6
CHAPTER

스포츠
꿈나무의 미래

십 대는 부담감 때문에 정신적 타격을 입기 쉬운 나이입니다. 어린 나이에 프로 선수가
되어야 한다는 압박 자체가 많은 윤리 문제를 야기하지요. 게다가 부모와 코치 및 대중
매체가 어린 운동선수에게 미치는 파괴적인 영향이 너무 큽니다.

2010년 5월 15일, 미국 미시간 주의 프루트포트 축구 클럽에서 8살에서 10살의 아이들로 구성된 축구팀이 시합을 하고 있었습니다. 팀의 보조 코치가 시합을 지휘하고 있었지요. 보조 코치는 아이들에게 빨리 달리라고 소리를 질러댔습니다. 아이가 공을 놓치거나 골을 넣지 못하면 욕까지 했어요. 그 모습을 본 한 학부모가 코치에게 항의했습니다. 그러자 코치는 반성하기는커녕 옷 안에 숨겨 두었던 권총을 꺼내 그 학부모에게 겨누고는 방아쇠를 당기겠다고 위협했어요.

프로 선수는 늘 '더 빨리, 더 높이, 더 힘차게' 뛰라는 압박을 받습니다. 어린 선수라고 이 압박을 피해 갈 수는 없습니다. 극단적인 예이기는 하지만 위의 사례가 전달하려는 핵심이 바로 어린 선수도 상대보다 잘해야 한다는 요구를 받는다는 점입니다. 부모의 압박도 코치의 압박 못지 않아요. 일부 어린이 축구 리그는 '학부모 출입 금지' 구역까지 만들어서 어린 선수와 코치가 학부모의 모습을 보거나 학부모가 외치는 지시 사항을 듣지 못하게 하지요. 학부모의 압박이 어린 선수에게 심한 부담감을 안기고 더욱 긴장하게 만들기 때문입니다.

스포츠와 신체 단련은 어린이와 청소년에게 꼭 필요합니다. 체력 증진과 면역력 강화는 말할 것도 없고 소아 비만과 우울증 방지, 협동심과 정정당당한 승부에 대해 배울 수 있는 기회 제공 등이 스포츠의 장점이지요. 하지만 부모와 코치 및 대중 매체가 어린 스포츠 꿈나무에게 미치는 파괴적인 영향이 너무 커서 이러한 긍정적인 요소가 상쇄되고 있어요. 경쟁 우위를 획득하도록 북돋기에 이 아이들은 너무 어리지 않나요? 아이들은 대체 무엇을 위해서 경쟁력을 길러야 하는 걸까요?

집중탐구 스포트라이트 속의 어린 선수

2008년 베이징 올림픽에서 금메달을 목에 건 중국 소녀 여섯 명이 미소를 띠며 단상에 올라섰다. 중국이 여자 체조 단체전에서 금메달을 획득한 순간이었다. 하지만 중국이 출생 증명서를 비롯한 공문서를 조작해서 13세의 아주 어린 선수를 출전시켰다고 의심하는 사람이 많다. 올림픽 규정상 출전이 가능한 선수의 최소 연령은 16세인데 좋은 성적을 거두게 하기 위해서 규정을 어기고 어린 선수를 내보냈다는 의혹이다. 체조 종목에서는 선수가 어릴수록 몸이 가볍고 유연하며 어려운 기술을 익히는 데 대한 두려움이 적어서 좋은 성적을 거두기 유리하다.

어쩌면 미래에는 올림픽에 출전하려는 선수가 자신의 나이를 증명하기 위한 골연령 테스트를 받아야 할지도 모른다. 하지만 어른들이 법을 어기면서 어린 선수를 경기에 출전시키는 일을 방지하려고 골연령 테스트를 도입해야 할까? 어린 선수가 이러한 규정을 보고 어떤 교훈을 얻겠는가? 기껏해야 승리가 전부라는 교훈이 전부일 것이다.

스포츠와 교육

프로 스포츠가 큰 사업으로 성장하자 많은 리그가 스포츠 시즌을 연장하기 시작했습니다. 수익을 증대하고 중계 방송 규모를 늘리기 위해서지요. 운동선수들은 긴 시즌에 대비하기 위해 강도 높은 훈련을 받아야 합니다. 한 시즌당 경기에 출전하는 시간도 늘어나고요. 어린 선수도 마찬가지로 훗날 큰 리그에 입단하려면 미리 이러한 훈련에 적응해야 합니다.

학교 스포츠: 너무 많은, 너무 이른

어린 나이의 운동선수에게 뛰어난 경기 수행 능력을 요구하게 되면서 중·고등학생 선수가 스포츠를 하는 방식이 변화했습니다. 그러한 변화로 인해 다음과 같은 문제가 제기되었지요.

- 심각한 부상: 미식축구와 럭비 경기 중에 부상을 당하면 뇌진탕 증세를 동반할 때가 많습니다. 워낙 격렬한 운동이기 때문이지요. 그러나 청소년 선수는 이처럼 심각한 부상을 무시하는 경우가 흔해요. 부상을 당한 선수 본인이 다른 선수와 교체되기를 싫어하고, 코치 역시 승리에 목말라하는 최고의 선수를 경기에 투입시키고 싶은 욕심에 눈이 멀면 이러한 비극이 벌어지지요. 게다가 최근에는 과거 프로 선수가 주로 겪었던 심각한 부상이 어린 선수에게 발생하는 비율이 급증했어요.
- 지나친 웨이트 트레이닝: 프로 리그에 입단하기 위해 '몸을 키우려는' 많은 십 대 선수가 웨이트 트레이닝에 집중합니다. 하지만 이러한 웨이트 트레이닝은 성장기 청소년의 몸에 지나친 무리를 주는 경우가 많아요.
- 한 종목에만 집중하기: 과거에는 청소년이 여러 가지 스포츠를 즐길 여유가 있었습니다. 그러나 이제는 많은 청소년이 한 종목에만 집중적으로 시간을 쏟고 있어요. 실력 향상에 대한 주위의 기대와 길어진 시즌, 늘어난 훈련 기간 등이 원인이지요. 그 결과 특정 근육만 과도하게 사용하여 발달하게 됩니다. 그러면 전신이 고루 발달하지 못해요.

인생이라는 경기

과거 미국에서는 많은 운동선수가 대학 팀에서 활동을 시작한 뒤에 프로 리그에 입단했습니다. 하지만 지금은 대학 팀에서 1년이나 2년만 활동한 뒤, 심지어 고등학교를 졸업하자마자 프로 리그에 입단하는 수순을 밟는 선수가 많습니다. 호주에서는 어린 나이부터 특정 종목 선수가 되도록 선수를 육성하여 십 대가 되면 바로 프로 구단과 계약을 맺는 사례가 흔해요. 영국의 어린 운동선수, 그중에서 특히 축구 선수는 16세가 되면 스포츠 구단과 계약을 하지요.

많은 어린 선수가 스포츠 덕분에 삶이 더 나아질 거라고 믿습니다. 그래서 이 희망에 인생 전부를 걸고 공부는 등한시해요. 미국의 한 프로 축구 선수는 같은 팀 선수들의 읽기 실력이 너무나 형편없어서 **플레이북**을 읽고 이해하는 선수가 겨우 세 명 중 한 명 꼴이라고 한탄하기도 했지요. 안타까운 일이지만 프로 선수가 되어 그토록 꿈꾸던 삶을 살아갈 확률은 현실적으로 매우 희박합니다. 전 세계의 중·고등학교 선수 중에서 프로가 되는 선수의 비율은 고작 0.03에서 0.5퍼센트에 불과해요. 스포츠에 집중하느라 다른 교육을 무시했던 점은 프로 선수라는 목표를 달성하지 못한 많은 어린 선수에게 크나큰 손해로 되돌아옵니다.

어린 나이에 프로 선수가 되어야 한다는 압박감 자체가 많은 윤리 문제를 야기합니다. 프로 선수로서 은퇴를 한 뒤 이 어린 선수들의 삶은 어떻게 흘러갈까요? 혹은 아예 처음부터 프로 선수로 발탁되지 못하면 어떻게 될까요? 겨우 16세의 선수가 자신의 미래를 온전히 혼자 힘으로 선택할 수 있을까요? 부모, 코치, 스포츠 산업과 리그가 어린 선수의 삶과 커리어를 대신 선택하고 강요하는 것은 아닐까요?

반면 어떤 사람들은 운동선수에게 주어진 기회가 많지 않기 때문에 아직 한창일 때 스포츠에 집중 투자해야 한다는 주장을 펼칩니다. 운동선수에게는 선수로서의 생활을 마무리한 뒤에도 충분한 시간이 있고, 어릴 때 미처 마무리하지 못했던 배움을 마칠 경제적 여유도 있을 거라고 말하지요. 한편 학교에서 습득하는 사회성과 지적 능력이 경기장 밖의 세계에서는 물론 경기장 내에서의 매너와 경기 능력에도 중요한 역할을 한다는 주장도 있어요.

어린 스포츠 스타의 미래

십 대는 부담과 압박감 때문에 큰 정신적 타격을 입기 쉬운 나이입니다. 그래서 연예계와 스포츠계의 샛별이 약물 남용이나 폭력 문제로 연예지의 헤드라인을 장식하는 경우가 종종 있지요. 불행한 시간을 겪었던 어린 스포츠 스타의 모습을 살펴봅시다.

이 어린 선수들은 이미 스포츠 세계에서의 성공에 압박감을 느끼고 있을지도 모른다. 운동선수는 오직 스포츠 한 분야에만 몰두해야 할까, 아니면 공부까지 열심히 해야 할까?

안드레 애거시

미국의 테니스 슈퍼스타인 안드레 애거시는 형제 중 넷째로 태어났습니다. 애거시의 아버지는 자녀 중 한 명을 반드시 테니스 챔피언으로 키우고 말 거라고 결심했어요. 애거시는 아버지의 마지막 희망이었습니다. 애거시의 아버지는 어린 애거시에게 엑세드린이라는 약물을 먹였습니다. 엑세드린은 카페인 함량이 높은 것으로 널리 알려진 약물이지요. 그리고 애거시가 패배라고는 모르는 선수가 될 때까지 혹독한 훈련을 시켰습니다. 훗날 애거시는 이렇게 말했습니다. "저는 스스로 선택하지 않은 삶을 살았습니다."

애거시는 27세가 되어서야 마침내 자신의 뜻에 따라 테니스를 계속하기로 '선택'했습니다. 메이저 경기에 여덟 번 참가하고 다섯 번이나 우승컵을 거머쥔 뒤에 비로소 내린 결정이었지요.

에리카 블래스버그

미국의 골프 선수 에리카 블래스버그의 아버지는 딸이 아주 어렸을 때부터 코치 역할을 자처했습니다. 블래스버그의 아버지는 자신이 딸을 시합에 참가시키기 위해 억지로 훈련시켰다고 고백했어요. 블래스버그는 19세의 나이에 여러 의류 회사에게 후원을 받는 프로 골퍼가 되었습니다. 하지만 스포츠 세계에서의 승승장구와 반대로 블래스버그의 삶은 추락하고 말았어요. 블래스버그는 어느 순간부터 골프 필드에서 아버지의 말을 듣지 않고 반항하기 시작했습니다. 그러다가 2010년 25세의 나이에 돌연 자살로 생을 마감했어요. 블래스버그의 아버지는 이렇게 말했습니다.

"딸아이는 스스로 선택하지 않은 일을 억지로 했습니다. 그 아이는 골프의 길을 원하지 않았지만 재능만은 특출났지요. 저는 딸에게 골프 외에 다른 활동은 하지 못하게 했어요. 그 아이는 마치 자신의 삶이 어딘가에 갇힌 것 같은 기분을 느꼈을 거예요. '내가 딸을 너무 몰아붙인 걸까?' 이 물음은 저를 평생 따라다닐 겁니다."

크리스티 헨리치와 엘리 아우트램

미국의 체조 선수 크리스티 헨리치는 장래가 촉망되는 올림픽 국가 대표 선수였습니다. 그런데 국제 대회 도중 심판에게 "살이 너무 쪘다."는 말을 들었어요. 17세 소녀였던 헨리치는 그 말에 큰 충격을 받고 점차 칼로리 섭취를 줄여 나갔습니다. 그리고 어느새 음식 섭취를 완전히 끊어 버렸지요. 헨리치의 좋지 않은 식습관은 곧 심각한 거식증으로 발전했습니다. 거식증에 시달리던 헨리치는 몸무게가 22킬로그램밖에 나가지 않는 최악의 상태에 이르게 되었고 결국 **복합 장기 부전**으로 세상을 떠나고 말았어요.

여자 선수 중 상당수가 코치로부터 체중을 감량하라는 요구를 받습니다. 이미 위험할 정도로 야윈 상태인데도 말이지요. 영국의 육상 선수인 엘리 아우트램은 올림픽에 출전할 예정이었습니다. 하지만 복합 섭식 장애에 시달린 뒤 아우트램의 몸상태는 올림픽 출전이 불가능한 지경으로 상했어요. 결국 아우트램은 2008년 올림픽을 집에서 지켜볼 수밖에 없었습니다.

대니 치프리아니는 호주 팀으로 이적하기 전까지
런던 와스프와 잉글랜드의 럭비 선수로 활약했다.

대니 치프리아니

대니 치프리아니는 17세의 어린 나이부터 영국의 차세대 럭비 선수로 주목을 받았습니다. 안타깝게도 곧 치프리아니는 경기장에서 많은 관중에게 실망을 안겨 주기 시작했습니다. 치프리아니의 화려한 여성 편력은 여러 대중 잡지와 신문의 표적이 되었지요. 치프리아니는 우울증에도 시달리고 있었습니다. 치프리아니는 결국 2010년 고국 영국을 떠나 호주의 럭비팀으로 이적했습니다. 치프리아니의 이적을 지나친 언론 보도에서 도피하기 위한 방편으로 보는 시각도 있어요.

교훈

물론 행복하고 건강한 삶을 사는 젊은 스포츠 스타도 많습니다. 이처럼 스포츠와 인생, 두 측면에서 모두 성공한 선수에게는 한 가지 공통점이 있습니다. 바로 부모나 코치, 대중 매체가 주입한 꿈이 아니라 자기 자신의 꿈과 욕구를 좇았다는 점이지요.

- 어린 아이와 청소년은 부모의 압박에서 자유로울 수 없다. 부모의 말에 따라 어릴 때부터 스포츠에만 집중했던 운동선수가 성인이 된 뒤에 뒤늦게 문제를 일으키는 경우도 흔하다.
- 운동에 재능을 보이는 어린 선수가 스포츠 훈련만 받도록 할 것인지 아니면 다른 교육을 병행할 것인지에 대해 의견이 분분하다. 한 가지 분명한 사실은 어린 선수가 자신의 삶을 스스로 선택할 수 있도록 도와야 한다는 점이다.

CHAPTER

유전자 조작과 스포츠

모든 운동선수가 스포츠에 특화된 유전자를 지니고 태어나지는 않아요. 하지만 유전학 분야의 신기술은 인공적으로 훌륭한 유전자를 지닌 운동선수를 태어나게 하는 일을 가능 하게 할지도 모릅니다. 그 신기술은 바로 장점을 가진 유전자만을 선별하는 기술이지요.

스웨덴의 과학자이자 운동 생리학자인 퍼-올리프 어스트렌드가 이렇게 말했습니다. "야망을 가진 운동선수가 해야 하는 가장 중요한 일은 바로 그 야망에 딱 맞는 부모를 고르는 일이다." 즉 부모로부터 좋은 유전자를 물려받는 일이 운동선수로 성공하는 데 있어 가장 중요한 요소라는 뜻이지요.

투르 드 프랑스 대회에서 일곱 번이나 우승한 미국의 사이클 선수 랜스 암스트롱은 바로 이 중요한 요소를 타고났습니다. 암스트롱은 유전적으로 보통 사람보다 3분의 1이나 큰 심장을 가지고 태어났고, 지구력도 평균치의 두 배에 달했거든요. 알다시피 모든 운동선수가 암스트롱처럼 훌륭한 유전자를 지니고 태어나지는 않아요. 하지만 유전학 분야의 신기술이 인공적으로 훌륭한 유전자를 지닌 운동선수를 태어나게 하는 일을 가능하게 할지도 모릅니다. 그 신기술은 바로 장점을 가진 유전자만을 선별하는 기술입니다.

미래에 대한 비전

이곳은 2025년 어느 마라톤 대회가 열리고 있는 경기장입니다. 스무 명의 선수가 출발선에 서 있습니다. 출발을 알리는 총성과 함께 선수들이 달리기 시작합니다. 겨우 1.6킬로미터를 지났을 뿐인데 스무 명 중 열아홉 명이 앞서면서 한 명의 선수만이 뒤처져 먼지 속에 홀로 남습니다. 앞서 간 열아홉 명의 선수는 서로 간발의 차이로 완주를 마칩니다. 꼴찌로 달리던 선수는 열아홉 명의 선두 무리보다 두 배의 시간이 걸려서야 결승점에 도달했어요. 이 선수는 왜 이렇게 느릴까요? 이유는 유전자의 차이에 있습니다. 꼴찌 선수가 스무 명의 선수 중 유전자를 조작하지 않은 유일한 사람이기 때문이에요. 이 꼴찌 선수가 2025년이 아니라 2015년에 열린 마라톤 경주에 출전했다면 우승했을지도 모르는데 말이지요.

이러한 미래의 모습은 상상일 뿐입니다. 하지만 이 상상이 현실로 나타날 수도 있어요. 유전자 선택을 가능케 하는 기술이 실험 쥐를 통해서는 이미 실현되었거든요. 과학자들은 쥐의 몸속에서 어떤 유전자를 발견했습니다. 이 유전자가 발현되면 쥐의 몸은 지방을 태우기 시작합니다. 그래서 지속적으로 체내에 에너지를 공급하지요. 지방을 연소하며 발생한 열이 에너지로 변환되는 것입니다. 과학자들은 이 유전자에 '팻 스위치(Fat Switch)'라는 이름을 붙였어요. 그런 다음 쥐의 유전자를 조작해서 팻 스위치 유전자가 항상 작동 상태를 유지하도록 했습니다. 그리고 유전자를 조작한 쥐를 쳇바퀴에 올려놓았지요. 유전자 조작 쥐는 지치지도 않고 보통 쥐보다 두 배는 더 오래 쳇바퀴 위를 달렸어요. 미래에 팻 스위치 유전자 기술을 인간에게 응용하면 보통 선수가 슈퍼 마라톤 달리기 선수로 바뀔 수도 있겠지요.

유전자 치료

인간에게 유전자 기술을 적용하려면 '유전자 치료'를 실행해야 합니다. 유전자 치료란 기존의 유전자를 새로운 유전자로 대체하는 기술입니다. 1999년, 중증 합병 면역 결핍증으로 고통받던 프랑스의 신생아 두 명이 성공적으로 유전자 치료를 받았습니다. 중증 합병 면역 결핍증이란 유전자 면역 체계에 이상이 생기는 질병이에요.

하지만 많은 과학자가 치료 절차를 우려했습니다. 유전자 치료를 통해 중증 합병 면역 결핍증은 치료되었지만 두 아기가 곧바로 혈액암의 일종인 백혈병을 앓기 시작했기 때문입니다. 의사 중에는 안전하게 유전자 치료를 시행하기에는 아직 인류의 과학 지식과 기술이 부족하다고

리스 에반스는 중증 합병 면역 결핍증 때문에 유전자 치료를 받은 최초의 아기다. 어떤 사람들은 언젠가 운동선수가 유전자 치료를 통해 근육을 키울 날이 올 거라고 예상한다.

독일의 네 살짜리 아이가 슈퍼맨처럼 양팔을 펼친 채 3킬로그램짜리 아령을 들어올렸다. 어른도 해내기 힘든 일을 성공시킨 것이다. 이 아이의 근육은 또래 아이의 근육에 비해 두 배나 컸고 체지방은 절반에 불과했다. 이렇게 비정상적으로 센 힘은 유전적 변이로 인해 마이오스타틴(Myostatin, 근육 크기를 제한하는 단백질) 유전자가 아예 작동하지 않기 때문에 나타나는 현상이다. 마이오스타틴 유전자가 작동하지 않으면 근육이 정상 속도보다 두 배나 빨리 성장한다. 마이오스타틴 유전자 변이에 대한 기술을 개발하여 운동선수에게 적용하면 그 선수는 슈퍼맨 같은 힘을 갖게 된다.

여기는 사람이 많습니다. 그러나 과학자가 지식을 쌓고 기술을 개발할수록 질병 치료에 유전자 치료 방식이 더 많이 쓰이게 될 거예요. 일부 과학자는 운동선수가 유전자 치료를 통해서 더 커지고 더 강해지는 날이 도래하는 것은 단지 시간 문제일 뿐이라고 생각하지요.

유전자 개량의 윤리

신체 능력을 향상시키는 데 유전자 치료를 이용하는 행위는 많은 윤리 문제를 야기합니다. 일부 단체는 아이의 유전자를 결정할 수 있는 존재는 인간이 아니라 오직 자연뿐이라고 믿기 때문에 유전자 치료를 반대합니다. 또 '슈퍼 선수'를 만드는 유전적 기술의 안전성과 공평성을 우려하는 시각도 있어요.

대부분의 과학자가 유전자 개량 치료는 아직 인간에게 적용할 만큼 안전하지 못하다는 사실에 동의합니다. 유전자 개량 치료 분야에 대한 과학적 연구가 더 필요한 상황이지요. 원래는 의료 목적으로 개발되었지만 결국 미용 목적의 시술이 난무하게 된 성형 수술처럼 유전자 개량도 비의료적인 목적으로 행해질 수 있습니다. 근육 키우기 같은 목적을 위해서 말입니다. 그래서 선수가 위험에 처하게 될 가능성도 있고요. 물론 위험을 감수하면서라도 유전자 개량 치료를 받고 싶어 하는 선수도 있을 거예요.

삶의 공평성

삶은 공평하지 않습니다. 어떤 아이는 스포츠에 특별한 재능이 있습니다. 애초에 운동에 재능이 없는 아이와 특별한 재능을 지닌 아이가 공평하게 경쟁하기란 불가능하지요. 그렇다고 해서 '공평성'을 담보하기 위해 유전적 개량 기술의 사용을 허가해야 할까요?

어떤 사람들은 유전이 복권과 같다고 말합니다. 운에 따라 서로 다른 결과가 나타난다는 뜻이지요. '운이 없어서' 운동에 소질이 없는 상태로 태어난 아이들에게 유전자 개량을 통해 공정한 경쟁을 할 수 있는 기회를 주어야 한다고 주장하기도 해요. 이에 반대하는 사람들은 스포츠를 즐기는 모든 사람이 완전히 똑같은 공평함을 원하지는 않는다고 말합니다. 모든 사람의 실력이 향상되면 모두의 실력이 똑같아집니다. 스포츠와 경쟁 자체가 성립하지 않겠지요. 게다가 유전적 개량 기술 지지자가 주장하는 공평성은 고가의 유전자 치료를 선택할 수 있을 정도의 경제

집중탐구 맞춤 아기 제작하기

부모가 마치 쇼핑을 하듯 자기 아이의 특징을 하나씩 고른 뒤 조합해서 아이를 '제작'한다면 어떻게 될까? 눈 색깔, 키, 유연성, 근육 크기, 심지어 음악이나 스포츠에 대한 재능까지 선택할 수 있다면? 이러한 상상은 유전자 개량 기술 덕분에 현실이 될 수도 있다.

우리는 유전자 개량 기술을 허용해야 할까? 유전자 개량에 대한 반대의 목소리가 거세다. 유전자 개량을 반대하는 사람들은 부모가 아이 본인이 원하는 꿈이 아니라 부모 자신이 바라는 꿈을 충족시키기 위해 아이의 특징을 마음대로 고를 위험이 있다고 주장한다. 더구나 부모라면 아이에게 완벽을 요구하거나 특정 조건에 의해 사랑을 줄 것이 아니라 조건 없이 아이를 사랑해야 하지 않을까?

유전자 개량을 찬성하는 측은 부모가 아이에게 미치는 영향력이 이미 지나치다고 주장한다. 지금도 부모는 자기 아이에게 특별한 음식을 먹이고 특별한 수업을 듣게 하고 남보다 경쟁력을 높이려고 특별한 기회를 제공한다. 게다가 자녀는 생물학적으로 부모에게서 각각 50퍼센트씩의 유전자를 받는다. 그렇기 때문에 유전자 개량은 부모가 자신의 아이에게 영향력을 행사하는 새로운 방식에 지나지 않는다는 이야기다.

유전자 개량은 부모가 아이에게 가하는 압박감을 더 늘릴 뿐이라는 말도 있다. 만일 자신이 훌륭한 골프 선수로 키우려고 '만들어 낸' 존재라는 것을 알게 되면 기분이 어떨까? 그런데 본인의 꿈은 골프 선수가 아니라 화가라면?

부모는 자녀의 유전적 특징에 어느 정도로 관여할 수 있다고 생각하는가? 우리는 운동선수가 유전자 개량 치료를 통해 자신의 유전자를 개조하는 행위를 허용해야 할까?

적 여유가 있는 부모를 둔 아이에게만 적용됩니다. 스포츠에 재능이 없는 아이가 있다면 그 아이에게 유전자 치료를 시켜서 억지로 스포츠 선수로 만들 것이 아니라 아이 고유의 재능을 발전시키도록 도와야 합니다. 아이에게 스포츠 세계에서의 성공만 강조하는 행동은 화가, 작가, 의사로 이름을 떨칠 수 있는 기회를 박탈하는 행위예요.

유전자 도핑

차세대 선수, 즉 유전자를 조작한 선수에 대한 기대가 커지고 있는 가운데 세계 반도핑 기구는 이미 '유전자 도핑'을 금지했습니다. 그리고 누군가 유전자를 조작했는지 여부를 정확히 파악할 수 있는 혈액 테스트를 개발했지요. 그래서 규정상 운동선수는 유전자 개량을 할 수 없습니다. 하지만 세계 반도핑 기구의 규정에 대한 의문도 제기됩니다. 선수의 부모가 결정을 내리고 멋대로 벌인 일 때문에 선수가 제재를 받아야 할까요? 대부분의 선수는 유전자 개량 치료를 받을 당시 스스로 자신의 앞날을 선택하지 못할 정도로 어렸을 텐데 말이지요.

- 유전자 조작을 통해 스포츠에 유리한 신체 조건을 얻으려는 시도가 생겨나고 있다. 예컨대 '팻 스위치' 유전자를 조작하면 오래 달려도 지치지 않는 신체를 만들 수 있다.
- 유전자 조작을 통한 기량 향상 시도는 많은 윤리 문제에 부딪힌다. 유전자를 조작당하는 당사자가 너무 어려서 본인의 의견이 반영되지 못한다는 점과 큰 비용이 들기 때문에 모두가 공평하게 유전자 조작의 기회를 누리지 못한다는 점 등이 문제점으로 꼽힌다.

극한 스포츠와
스포츠 심리

익스트림 스포츠가 폭발적인 인기를 끌기 시작한 시기는 기존의 스포츠에서 스테로이드
복용이 증가한 시기와 맞물립니다. 그래서 익스트림 스포츠의 인기와 스포츠계의 스테로
이드 복용 사이에 연관이 있다고 보는 시각도 있어요. 전통적인 스포츠가 드러내는 '승리
가 전부'라는 태도를 경멸하는 젊은 세대가 무엇인가 색다른 요소를 찾는다는 거예요.

1999년,

전설적인 미국의 스케이트보드 선수인 토니 호크가 그전까지 아무도 하지 못했던 일을 해냈습니다. 공중에서 두 바퀴 반을 도는 900도 회전 기술을 선보인 거예요. 그날 열렸던 엑스 게임 실황을 담은 영상을 보면 관중이 계속해서 900도 회전 기술을 시도하는 토니 호크의 모습을 지켜보며 호크의 이름을 연호하는 모습이 나옵니다. 다른 스케이터는 응원의 의미로 자신의 스케이트보드를 바닥에 내리칩니다. 호크에게 주어진 공식 경기 시간이 이미 종료되었지만 장내 아나운서는 호크의 도전을 중단하지 않습니다. 그렇게 계속 기술을 시도하던 호크가 마침내 열한 번째 시도에서 900도 회전에 성공합니다. 다른 스케이터들이 호크를 둘러싸고 헹가래를 치지요.

지난 20년 동안 스케이트보드, 스노보드, 모터크로스 등의 익스트림 스포츠가 폭발적인 인기를 끌었습니다. 특히 젊은 층 사이에서 열기가 대단했지요. 이 시기는 기존의 스포츠 세계에서 스테로이드 복용이 증가한 시기와 맞물립니다. 그래서 익스트림 스포츠의 인기와 스포츠계의 스테로이드 복용 증가 사이에 연관이 있다고 보는 시각도 있어요.

많은 사람들, 특히 젊은 세대는 전통적인 기존 스포츠가 취하는 '승리가 전부'라는 태도를 경멸합니다. 그래서 승리 지상주의를 대체할 무엇인가 색다른 요소를 찾기 시작했지요.

토니 호크가 900도 회전 기술을 성공시킨 놀라운 순간은 익스트림 스포츠의 핵심을 잘 보여줍니다. 새로운 묘기가 자아내는 흥분감, 경쟁 관계인 상대 선수가 보내는 지지, 규칙의 느슨함 등이 익스트림 스포츠의 핵심이지요. 축구, 야구, 테니스 같은 전통적인 스포츠 종목과 새로이 등장한 익스트림 스포츠의 차이점은 다음과 같습니다.

	전통적인 스포츠	익스트림 스포츠
신기록	이미 많은 기록이 달성된 뒤다. 많은 선수가 스테로이드를 복용하지 않으면 더는 신기록을 세우기 어렵다고 생각한다.	종목이 생긴 지 얼마 되지 않았기 때문에 새로이 룰 업적이 많다. 기량 향상 약물의 도움 없이도 새로운 동작과 기술이 만들어지고 신기록이 자주 수립된다.
선수의 자질	많은 선수가 기량 향상 약물을 동원하면서까지 속도, 힘, 지구력 면에서 경쟁력 있는 선수로 남으려고 애쓴다.	극한 스포츠의 성과는 힘과 스피드에 크게 의존하지 않는다. 오히려 대담함, 새로운 기술에 대한 아이디어, 창의성, 유연성이 더 큰 영향을 준다.
경기 규칙	경기 규칙이 확정된 지 오래되었다. 안타깝게도 부정행위의 역사 또한 그만큼 오래되었다.	정해진 규칙이 거의 없기 때문에 선수가 부정을 저지르는 경우도 드물다. 대개 실제로 경기를 해보면서 그때그때 규칙을 만들어 나간다. 그래서 더욱 변화무쌍하고 흥미롭다.
신기술	신기술이 공식 기술로 인정되는 과정이 매우 더디다. 심지어 어떤 사람들은 신기술이 경기의 난이도를 너무 쉽게 만든다고 생각한다.	신기술이 적극적으로 활용된다. 혁신적인 기술 덕분에 선수는 매번 훨씬 큰 도전을 하고 결과적으로 대단한 업적을 남긴다.
주안점	승리를 중시하고 상대를 이기는 일에 집중한다.	개인의 한계를 극복하고 경기를 흥미롭게 만드는 일에 초점을 맞춘다. 경쟁자가 서로에게 영감을 주고 새로운 기술을 가르쳐 주면서 돕는다.
어린 선수	어린 선수도 최고가 되어야 한다는 압박감과 스트레스에 시달린다.	어린 나이에 프로 전향하는 선수가 많다. 하지만 압박감과 스트레스로 인한 문제를 일으키는 선수는 적다.

스케이트보드 선수인 토니 호크는 스테로이드를 복용하지 않고도 팬에게 큰 기쁨과 짜릿함을 선사한다. 하지만 호크의 묘기는 스테로이드 복용만큼 위험하다.

정신력의 힘

한때 모두가 4분 내에 1마일(약 1.6킬로미터)을 달리는 일은 불가능하다고 말했던 시기가 있었습니다. 그러나 1954년 육상 선수 로저 배니스터가 마의 4분 벽을 깼어요. 얼마 지나지 않아 다른 선수도 너 나 할 것 없이 4분 벽을 돌파하기 시작했지요. 이러한 일은 어떻게 가능했을까요? 1마일을 4분 안에 달린 선수들이 1954년 이전의 선수보다 더 훌륭한 트레이너에게 훈련을 받고 더 좋은 음식을 먹고 더 효과적인 약물을 복용한 덕분일까요? 아니면 1954년 로저 배니스터가 4분대 돌파가 가능함을 증명하며 인간의 신체적 장벽뿐만 아니라 심리적 장벽까지 무너뜨렸기 때문일까요?

대부분의 스포츠 종목에는 육상의 '4분 장벽'과 유사한 장벽이 있습니다. 일단 누군가 불가능해 보였던 장벽을 깨면 뒤이어 이 장벽을 깨는 다른 선수가 나타나지요. 운동선수는 어떻게 항상 새로운 기록을 갱신할까요? 스포츠 세계의 경쟁에서 가장 중요한 핵심은 잠재력 발휘가 아닐까 싶습니다. 운동선수는 항상 자기 안의 잠재력을 끌어내는 존재라는 뜻이지요.

물리학의 연구 결과를 참고하면 아직 인간이 도달할 수 있는 스포츠의 한계 영역이 무궁무진하다는 사실을 알 수 있습니다. 과학자들은 스테로이드의 도움 없이 순수하게 사람의 능력만으로 세울 수 있는 홈런 신기록이 아직 나오지 않았다고 말합니다. 또 물리 계산에 따르면 사람이 오토바이를 탄 채로 공중에서 네 바퀴를 도는 묘기도 가능하다고 하지요. 이러한 대기록은 약물이나 새로운 과학 기술이 아니라 용기와 선

과학자들은 인간이 오토바이를 탄 채로 공중에서 네 바퀴를 도는 일이 가능하다고 말한다. 지금은 불가능해 보이지만 말이다.

수 고유의 기술 및 상상력의 산물이겠지요.

위약 효과

2007년경 데이비드 베컴, 코비 브라이언트, 샤킬 오닐 같은 스포츠 스타들이 '파워 밸런스 팔찌'를 착용하기 시작했습니다. 고무 재질의 파워 밸런스 팔찌는 끼기만 하면 착용자의 균형 감각과 힘, 유연성을 키워 준다고 알려졌어요. 그런데 막상 테스트를 해 보니 파워 밸런스 팔찌를 찬 선수의 운동 능력과 기록이 일반 고무 팔찌를 찬 선수보다 특별히 뛰어나지도 않았어요.

하지만 믿음의 힘은 강력합니다. 선수가 특정한 팔찌나 행운의 티셔츠 덕분에 자신이 경기를 더 잘할 수 있다고 굳게 믿는다면 자신감이 상

일부 운동선수는 파워 밸런스 팔찌를 차면 경기 능력이 향상된다고 믿는다.

승해서 실제로 경기를 더 잘 풀어낼 수도 있으니까요. 이 현상을 가리켜 위약 효과 혹은 플라세보 효과(Placebo effect)라고 부릅니다. 약효가 전혀 없는 가짜 약을 진짜 약인 것처럼 가장해서 환자에게 복용하게 했을 때 실제로 환자의 병세가 호전되는 효과를 가리키는 용어지요.

　기량 향상 약물 역시 위약 효과에 불과하다고 생각하는 사람도 있습니다. 예컨대 많은 사람이 인간 성장 호르몬(HGH)은 실제로 선수의 경기력에 아무런 영향을 미치지 않으며 혹여나 영향을 준다고 하더라도 매우 미미한 효과라고 주장해요. HGH에 대한 믿음으로 자신감이 상승한 선수가 평소보다 적극적으로 경기에 참여해서 뛰어난 능력을 발휘한다는 논리지요.

사례탐구 리처드 샌들린과 위약 효과

　역도 선수 리처드 샌들린은 수년 간 스테로이드 주사를 맞았다. 리처드 샌들린은 스테로이드로 인해 수많은 부작용을 겪으면서도 주사를 멈추지 않았다. 그러던 어느 날, 샌들린은 결국 약물을 끊는 데 성공했다. 그리고 약물 없이 여섯 차례나 세계 신기록을 수립했다. 샌들린은 자신의 능력에 놀랐고 스포츠에서 정신력의 중요성을 깨달았다. 역도에서는 신체적 힘도 중요하지만 한순간에 정확히 집중하여 힘을 쏟는 정신력 역시 중요하다. 이제 샌들린은 위축되어 있었던 과거의 자신이 자신감의 대체재로 스테로이드를 사용했었다고 회상한다.

진정한 스포츠 정신

우리는 지금까지 스포츠 윤리와 관련하여 다양한 주제를 살펴보았습니다. 운동선수는 실력을 키우고 기량을 향상하려고 온갖 방법을 동원합니다. 최첨단 장비를 사용하고 끊임없이 신기술을 연구하며 때로는 스테로이드를 비롯한 기량 향상 약물까지 복용하지요. 심지어 유전자 조작을 통해 신체의 운동 능력을 끌어올리려는 선수도 있습니다.

운동선수가 이토록 갖은 노력을 다하는 이유는 경기에서 승리를 거두기 위해서입니다. 하지만 앞서 살펴보았듯이 선수가 승리 지상주의에 빠지면 법과 규칙을 어길 뿐만 아니라 많은 윤리 문제를 유발하지요. 선수 본인의 건강도 해치게 되고요. 스포츠는 우리로 하여금 인간의 신체적, 정신적 한계에 도전하게 합니다. 그리고 무엇보다 그 도전은 스포츠 윤리가 지켜지는 한에서 시도해야 해요. 진정한 스포츠 정신이란 승리와 신기록만을 추구하는 것이 아니라 건강하고 정정당당한 승부, 자신과의 공정한 싸움을 뜻하니까요.

간추려 보기

- 익스트림 스포츠와 '4분 장벽', 위약 효과 같은 사례를 살펴보면 스포츠에서의 정신력이 신체적 능력만큼 중요하다는 사실을 알 수 있다.

용어 설명

가리움제 어떤 약품이나 화학 물질에서 특정 성분을 은폐하기 위해 사용하는 물질. 특정 성분을 '가린다'는 의미에서 '가리움제'라는 이름이 붙었다. 운동선수가 도핑 테스트에서 금지 약물 복용 사실을 감추기 위해 사용하기도 한다.

경쟁 우위 경쟁 우위란 어떤 기업이 다른 기업과의 경쟁에서 우월한 결과를 낼 수 있는 위치를 뜻한다. 한 기업이 특정 분야의 고급 정보를 독점하고 있다면 그 독점이 해당 기업의 경쟁 우위가 된다. 기업 경영이 아닌 다른 분야에서도 경쟁 우위가 성립한다. 예컨대 한 운동선수가 누구보다 빠른 달리기 실력을 지니고 있다면 그 선수의 경쟁 우위는 빠른 속도다.

공기 역학 공기의 흐름, 즉 기류를 대상으로 하는 학문 분야다. 특히 항공기 제작·운행과 깊은 관련이 있기 때문에 항공 역학이라고 부르기도 한다. 스포츠에서 공기 역학은 공기를 가르며 앞으로 나아가야 하는 육상이나 사이클 종목에서 주로 연구한다. 그 결과에 따라 공기의 저항을 조금이라도 덜 받는 유선형 모양의 헬멧을 제작하고 '슈퍼맨 자세'를 개발한다.

교차 오염 식품이 미생물에 오염되는 일, 그중에서 특히 매개를 통해 오염되는 일을 말한다. 식품을 가공하는 사람의 손이나 조리 도구에 묻어있던 균이 가공 처리 과정에서 식품에 묻으면 그 식품은 교차 오염에 노출된다.

국제 올림픽 위원회 보통 IOC(International Olympic Committee)라고 부른다. 올림픽을 주최하는 국제 조직으로, 1894년 프랑스의 피에르 쿠베르탱이 창설했다. IOC 위원들은 매 올림픽을 개최하기 위해 1년에 한 번씩 총회를 연다. IOC 위원 총회에서는 올림픽 개최지와 공식 종목 등을 선정한다. IOC 위원은 스포츠계 내부의 사람이라면 누구나 꿈꾸는 최고의 명예직이다.

기면증 밤에 충분한 수면을 취했지만 낮에 갑작스럽게 졸음이 쏟아지는 질병. 참을 수 없는 졸음과 온몸에 기운이 빠지는 무기력증이 동반된다. 완치가 불가능하며 증상을 완화시키는 것이 최선의 치료다.

내구력 강한 압력이나 열, 충격이 가해져도 오래 견디는 힘.

도태 한자 그대로 풀이하면 쌀을 물에 일어서 좋은 것만 골라내고 나쁜 것을 버린다는 뜻이다. 보통 여럿 중에 뒤처져서 결국 사라지게 되는 일을 말한다.

도핑 스포츠 경기에서 좋은 성적을 거둘 목적으로 금지 약물을 투여받는 행위. 다른 선수와의 형평성 문제와 약물을 복용한 선수 본인의 건강을 해친다는 문제 등 부작용이 많다. 1968년부터 운동선수의 도핑 의혹을 해소하기 위해 특정 금지 약물을 잡아내는 도핑 테스트를 실시했다.

럭비 15명의 선수가 한 팀이 되어 상대방의 골대에 타원형의 공을 터치하는 구기 종목. 공을 가지고 달리거나 드리블을 할 때 손과 발을 모두 사용할 수 있으며 종목의 특성상 격렬한 몸싸움이 자주 벌어진다. 하지만 미식축구처럼 두터운 보호 장구를 착용하지는 않고 대신 부드러운 가죽으로 만들어진 머리 보호대를 쓴다. 영어로 '럭비 풋볼(Rugby Football)'이라고 한다.

리그 야구, 축구, 농구 같은 스포츠 종목에서 서로 경쟁하는 여러 스포츠 팀이 함께 만든 집단. 야구의 메이저 리그, 축구의 프리미어 리그, 농구의 NBA 등이 세계적으로 유명한 스포츠 리그다.

미식축구 11명의 선수가 한 팀이 되어 상대방의 골라인에 공을 터치하는 구기 종목. 손만 사용할 수 있으며 공을 땅에 떨어뜨리면 불리하다. 타원형의 가죽으로 만들어진 공을 가지고 경기한다. 미식축구공은 럭비공보다 양 끝이 더 뾰족한 형태의 타원형이다. 공을 빼앗거나 상대편 선수를 제지할 때 매우 격렬한 몸싸움이 벌어지기 때문에 단단한 헬멧과 어깨 보호대 등의 보호 장구를 착용한다. 영어로 '아메리칸 풋볼(American Football)'이라고 한다.

복합 장기 부전 심장, 폐, 간 같은 주요 장기 중 두 개 이상이 동시에 기능을 잃는 질병.

시즌 어떤 활동이 활발히 전개되는 시기. 스포츠 종목마다 프로 리그 소속 팀들이 활동하는 시즌이 있다. 예컨대 한국 프로 야구 리그는 매년 3월부터 9월까지를 정규 시즌으로 삼아 경기를 펼친다.

아나볼릭 스테로이드 정식 명칭은 '아나볼릭-안드로게닉 스테로이드(AAS, Anabolic-androgenic steroid)'다. 선천적으로 테스토스테론이 적은 환자를 치료할 목적으로 개발되었으며 그 외에도 질병으로 체중이 감소하거나 영양 공급이 부족할 때 도움을 주는 물질이다. 운동선수가 근육을 키우기 위해 복용하는 스테로이드는 보통 이 아나볼릭 스테로이드를 뜻한다. 많은 운동선수가 치료 목적이 아니라 좋은 성적을 거두기 위한 목적으로 아나볼릭 스테로이드를 복용하여 심각한 부작용에 시달리는 결과를 맞이한다.

양성 반응 어떤 병에 걸렸는지 혹은 특정 약물을 복용했는지 알아보기 위해 화학적 검사를 실시했을 때 반응이 나타나는 것. 양성 반응이 나타나면 그 병에 걸렸거나 특정 약물이 검출되었다는 뜻이다. 반대로 아무런 반응이 나타나지 않은 경우를 '음성 반응이 나왔다.'고 한다.

에페드린 마황이라는 식물에서 추출하는 물질로 알칼로이드의 한 종류다. 아드레날린과 유사한 약효가 있으며 기관지를 확장시키고 혈관을 수축시켜서 혈압 상승 효과가 있다. 혈압이 급격히 떨어질 때나 기관지 천식의 치료에 많이 쓰인다.

유리 섬유 유리를 녹여 섬유의 형태로 만든 광물 섬유. 고온에서도 변형되지 않고 잘 견디며 불에 타지 않는다. 썩지 않으며 전기가 통하지 않는다. 유리 섬유를 이용해 매트를 만들면 단열 · 방음성이 뛰어나다. 플라스틱 같은 다른 물질과 합성하여 항공기, 보트, 파이프, 낚싯대, 전기 기구 등을 만드는 데 쓴다.

의족 인공으로 만든 발. 다리가 없는 사람이 의족을 사용하면 걷거나 뛰는 활동을 할 수 있다. 나무, 고무, 금속으로 만든다.

주의력 결핍 및 과잉 행동 장애 주의력 결핍 및 과잉 행동 장애(ADHD, Attention Deficit/Hyperactivity Disorder)는 흔히 ADHD라고 부른다. 아동기에 많이 나타나며 주의력이 부족하여 산만하고 과다 활동, 충동성을 보이는 상태를 말한다. ADHD를 앓는 아동은 교사의 말을 듣고 있다가도 다른 소리가 나면 금방 집중이 흐트러지는 등 한 곳에 오래 집중하는 것을 어려워한다. 또한, 허락 없이 자리에서 일어나 뛰어다니고 팔다리를 끊임없이 움직이기도 한다. 보통 약물 치료, 놀이 치료 등 다양한 방법을 병행하여 치료한다.

지구력 어떤 작업을 계속해서 수행하며 버틸 수 있는 힘. 특히 어떤 작업을 장시간 버틸 수 있는 근육의 힘은 근지구력, 호흡 기관의 힘은 심폐 지구력이라고 구분하여 부른다.

탄소 섬유 섬유를 탄화, 즉 가열하여 만들어낸 물질. 에디슨이 전구를 발명할 때 필라멘트로 사용했던 대나무 섬유가 최초의 탄소 섬유라고 한다. 가열하는 과정에서 섬유 내부의 산소가 빠져나가 무게가 가볍다. 금속보다 무게는 가벼운 반면 탄력과 강도는 더 뛰어나서 각종 스포츠 용품과 항공기, 자동차, 안테나 등 많은 제품의 소재로 사용된다.

태클 레슬링이나 미식축구 등의 스포츠 경기에서 상대방을 잡거나 끌어당겨 넘어뜨리는 기술. 다만 축구의 태클은 상대방이 가지고 있는 공만을 대상으로 해야 한다. 만약 상대방을 넘어뜨리거나 다치게 하면 반칙으로 간주된다.

판독 어려운 문장이나 암호처럼 첫눈에 의미를 파악하기 어려운 기호의 뜻을 파악하며 읽는 행위. 스포츠 세계에서 육안으로 정확히 판단하기 어려운 상황이 발생하면 비디오 판독을 실시한다. 비디오 판독을 할 때는 비디오로 경기 모습을 촬영한 영상을 천천히 돌려보며 누가 더 빨랐는지, 공이 골라인을 넘었는지 등을 알아낸다. 비디오 판독은 기계의 힘을 빌려 공정한 판단을 내리기 위한 도구다.

페닐프로판올아민 페닐프로판올아민(PPA, Phenylpropanolamine)은 혈관 수축 작용을 하는 물질이다. 그래서 코에 분포한 혈관을 수축하여 코 막힘을 제거하는 감기약 성분으로 각광받았다. 또한, 식욕 억제 작용을 하기 때문에 다이어트를 위한 식욕 억제제로도 널리 쓰였다. 그러나 페닐프로판올아민이 뇌혈관을 수축시켜 뇌출혈을 일으킬 수 있다는 부작용이 밝혀졌다. 그 뒤로 페닐프로판올아민이 함유된 감기약 등이 모두 판매 금지 처분을 받았다.

프레임 움직이는 영상을 구성하는 정지된 이미지. 1초의 움직이는 영상, 즉 동영상을 만들기 위해서는 약 30에서 60개의 프레임이 필요하다.

플레이북 스포츠 경기에서 선수의 작전 이해를 돕기 위해 자신의 팀과 상대 팀의 움직임, 전략 등을 기록한 책. 도표가 함께 그려져 있는 경우가 많다. 경기 전 플레이북의 내용을 숙지하면 한결 수월하게 경기를 운용할 수 있다.

연표

기원 전	776년	고대 그리스에서 올림픽의 시초인 달리기 대회가 열렸다.
기원 후	1775년	영국에서 유행하던 라운더스가 미국에 전해졌다. 라운더스는 배트와 공을 사용하는 스포츠로 야구의 전신이다.
	1869년	미국에서 미식축구 경기가 처음으로 치러졌다.
	1877년	영국에서 윔블던 테니스 대회가 최초로 개최되었다.
	1896년	제1회 아테네 올림픽이 열렸다. 육상, 수영, 체조 등 총 9개 종목이 실시되었고 14개국이 참가했다. 종합 순위는 미국이 1위를 차지했다.
	1904년	국제 축구 연맹(FIFA, Federation Internationale de Football Association)이 만들어졌다. 올림픽 역사상 최초의 도핑 선수인 미국의 톰스 힉스가 세인트 루이스 올림픽 마라톤 대회에서 우승했다. 힉스는 체력의 한계로 경기 도중 기권하려고 했으나 힉스의 코치가 약물을 주어서 끝까지 달릴 수 있었다. 당시에는 약물 복용이 금지되지 않았기 때문에 힉스는 메달을 박탈당하지 않았다.
	1922년	미국의 북아메리카 프로 미식축구 리그(NFL, National Football League)가 시작되었다.

1924년	프랑스에서 최초의 동계 올림픽이 개최되었다.
1930년	제1회 우루과이 월드컵이 개최되었다.
1932년	LA 올림픽에서 최초로 사진 판독이 실시되었다. 100미터 달리기 경주에서 미국의 톨란과 메트칼프가 거의 동시에 결승 테이프를 끊어 육안으로는 판정이 불가능했기 때문이다. 결국 사진 판독을 통해 승자를 알아냈다.
1936년	국제 야구 연맹(IBAF, International Baseball Federation)이 창설되었다. 베를린 올림픽에서 최초로 텔레비전 스포츠 중계가 시작되었다.
1946년	미국의 프로 농구 리그인 NBA(National Baseball League)가 생겨났다.
1948년	영국에서 국제 장애인 올림픽인 패럴림픽이 처음 개최되었다.
1968년	그레노블 동계 대회에서 최초의 도핑 테스트가 실시되었다.
1976년	몬트리올 올림픽에서 스테로이드가 금지 약물로 지정되었다.
1978년	국제 육상 경기 연맹이 금지 약물을 복용한 선수들에게 최저 18개월 동안 출전을 정지시키거나 선수권을 박탈하기로 결정했다.
1988년	서울 올림픽에서 캐나다의 육상선수 벤 존슨이 약물 복용으로 메달을 박탈당했다.

1994년	월드컵 대회에서 아르헨티나의 디에고 마라도나가 에페드린 복용으로 실격하였다.
1995년	사이클 선수 그램 오브리가 '슈퍼맨 자세'를 개발했다.
1998년	수영 선수 미첼 스미스가 위스키를 가리움제로 사용한 사실이 발각되어 4년 동안 출전 자격 정지를 당했다.
1999년	세계 반도핑 기구(WADA, World Anti Doping Agency)가 설립되었다.
2006년	국제 야구 대회인 월드 베이스볼 클래식(WBC, World Baseball Classic)이 시작되었다. 한국 도핑 방지 위원회가 설립되었다.
2009년	우사인 볼트가 베를린 세계 육상 선수권 대회에서 100미터와 200미터 달리기 세계 신기록을 수립했다.

더 알아보기

한국 도핑 방지 위원회 www.kada-ad.or.kr
한국 도핑 방지 위원회는 한국 선수의 도핑 방지를 위한 교육, 홍보 및 연구를 담당하는 공식 단체다. 도핑 검사를 계획하고 집행하며 양성 반응을 보인 선수를 규정에 따라 처벌하는 역할까지 담당하고 있다. 도핑과 관련된 국내외 소식을 제공한다.

대한 체육회 www.sports.or.kr
한국의 아마추어 스포츠를 육성하고 경기 단체를 지도, 감독하는 대한 체육회의 웹 사이트. 스포츠와 관련된 각종 위원회와 대회 소식, 종목별 관련 규정을 제공한다. 대한 체육회가 발행하는 웹진 《스포츠 코리아》를 읽을 수 있다.

대한 장애인 체육회 www.kosad.or.kr
대한 장애인 체육회는 장애인의 생활 체육과 전문 운동선수 육성을 위해 2005년 설립되었다. 현재 한국의 장애인 생활 체육을 보편화하기 위해 노력하고 있으며, 각종 국제 장애인 체육 대회를 지원한다. 사이트에서 장애인 체육 관련 정보를 제공한다.

청소년 문화 체육 진흥 센터 www.runyouth.or.kr
청소년 문화 체육 진흥 센터는 운동선수로 활동하다가 중도 탈락한 청소년의 자립을 돕는 기업이다. 협회가 공인하는 자격증 취득을 통해 청소년 선수가 생활 체육 지도자로서 인생을 재설계할 수 있도록 지원한다.

국민 체육 진흥 공단 www.kspo.or.kr
국민 체육 진흥 공단은 1988년 서울 올림픽을 기념하기 위해 설립되었으며 스포츠의 생활화를 도모하는 공기업이다. 생활 체육 발전 지원, 스포츠 산업 육성 등 다양한 활동을 통해 스포츠를 친숙하게 접할 수 있도록 노력한다. 위 사이트는 공공 체육 시설의 위치 정보와 간단한 건강 체조 영상 등을 제공한다.

찾아보기

내인생의책은 한 권의 책을 만들 때마다
우리 아이들이 나중에 자라 이 책이 '내 인생의 책'이라고 말할 수 있는 책을 만들고자 합니다.

세상에 대하여 우리가 더 잘 알아야 할 교양

(37) 스포츠 윤리 승리 지상주의의 타개책일까? (원제: Getting ahead)

로리 하일 글 | 이현정 옮김 | 김도균 감수

초판 인쇄일 2014년 7월 10일 | 초판 발행일 2014년 7월 21일
펴낸이 조기룡 | 펴낸곳 내인생의책 | 등록번호 제10-2315호
주소 서울시 강서구 가양동 52-7 강서 한강자이타워 A동 306호
전화 (02)335-0449, 335-0445(편집) | 팩스 (02)6499-1165
전자우편 bookinmylife@naver.com | 카페 http://cafe.naver.com/thebookinmylife
편집장 이은아 | 책임편집 이민해
편집 1팀 신인수 이다겸 이지연 김예지 | 편집 2팀 박호진 조정우
디자인 최원영 심재원 | 경영지원 김지연 | 마케팅 이성민 서영광

이 책의 한국어판 저작권은 시빌에이전시를 통해
영국 Capstone Global Library 출판사와 독점 계약으로 **내인생의책**에 있습니다.
저작권법에 의해 한국 내에서 보호를 받는 저작물이므로 무단전재와 무단복제를 금합니다

ISBN 979-11-5723-014-3 44300
ISBN 978-89-97980-77-2 44300(세트)

Getting ahead by Lori Hile
Under licence to Capstone Global Library Limited.
Text © Capstone Global Library Limited 2012
All rights reserved.
Korean translation copyright © 2014 by TheBookinMyLife Publishing Co
This Korean edition is published by arrangement with Capstone Global Library Limited through Sibylle Books
Literary Agency, Seoul, Korea

책값은 뒤표지에 있습니다. 잘못된 책은 구입처에서 바꾸어 드립니다.

이 도서의 국립중앙도서관 출판시도서목록(CIP)은 e-CIP 홈페이지(http://www.nl.go.kr/ecip)에서 이용하실 수 있습니다.
(CIP제어번호: 2014018495)

디베이트 월드 이슈 시리즈

세상에 대하여 우리가 더 잘 알아야 할 교양

전국사회교사모임 선생님들이 번역한 신개념 아동·청소년 인문교양서!

《디베이트 월드 이슈 시리즈 세더잘》은 우리 아이들에게 편견에 둘러싸인 세계 흐름에서 벗어나 보다 더 적확한 정보와 지식을 제공합니다. 모두가 'A는 B이다.'라고 믿는 사실이, 'A는 B만이 아니라, C나 D일 수도 있다.' 라는 것을 알려 주면서 아이들이 또 다른 진실을 발견하도록 안내합니다.

★ 전국사회교사모임 추천도서 ★ 문화체육관광부 우수교양도서 ★ 한국간행물윤리위원회 청소년 권장도서 ★ 서울시교육청 추천도서
★ 보건복지부 우수건강도서 ★ 아침독서 추천도서 ★ 대교눈높이창의독서 선정도서 ★ 학교도서관저널 추천도서

① 공정무역 ② 테러 ③ 중국 ④ 이주 ⑤ 비만 ⑥ 자본주의 ⑦ 에너지 위기 ⑧ 미디어의 힘 ⑨ 자연재해 ⑩ 성형 수술 ⑪ 사형제도 ⑫ 군사 개입 ⑬ 동물실험 ⑭ 관광산업 ⑮ 인권 ⑯ 소셜 네트워크 ⑰ 프라이버시와 감시 ⑱ 낙태 ⑲ 유전 공학 ⑳ 피임 ㉑ 안락사 ㉒ 줄기세포 ㉓ 국가 정보 공개 ㉔ 국제 관계 ㉕ 적정기술 ㉖ 엔터테인먼트 산업 ㉗ 음식문맹 ㉘ 정치 제도 ㉙ 리더 ㉚ 맞춤아기 ㉛ 투표와 선거 ㉜ 광고 ㉝ 해양석유시추 ㉞ 사이버 폭력 ㉟ 폭력 범죄 ㊱ 스포츠 자본

세더잘 36

스포츠 자본 약일까, 독일까?

닉 헌터 글 | 이현정 옮김 | 김도균 감수

스포츠 자본은 스포츠의 발전에 지대한 영향을 끼쳤다.
vs 스포츠 자본은 스포츠를 돈벌이 수단으로 전락시켰다.

스포츠의 발전에는 자본이 필요합니다. 하지만 자본이 스포츠를 돈벌이 수단으로 만들고 말았다는 탄식이 오늘날 이곳저곳에서 터져 나오고 있습니다. 자본의 편중으로 인한 역차별 현상에 대한 우려도 높습니다. 승부조작이나 약물 복용 같은 범법 행위가 문제가 되기도 합니다. 이미 산업화 되어버린 현대 스포츠에서 우리는 스포츠 자본을 어떻게 바라보아야 할까요?

세더잘 35

폭력 범죄 어떻게 봐야 할까?

앨리슨 라쉬르 글 | 이현정 옮김 | 이상현 감수

강력한 법집행이 폭력 범죄를 근절할 수 있다.
vs 폭력 범죄를 해결하는 근본적인 해결책은 무거운 형벌이 아닌 범죄 예방 교육이다.

세계 어디서나 폭력 범죄는 심각한 사회 문제입니다. 그래서 현재 세계 각국에서는 폭력 범죄를 해결하기 위한 다양한 논쟁이 일어납니다. 과연 강력한 법집행이 폭력 범죄를 근절할 수 있는 대안일까요? 아니면 무거운 형벌보다 범죄 예방 교육이 더 필요한 걸까요? 어떤 선택이 우리 삶을 더 안전하게 만들 수 있을까요?

세더잘 34

사이버 폭력 어떻게 대처할까?

닉 헌터 글 | 조계화 옮김 | 김동섭 감수

사이버 폭력은 현실에서 벌어지는 학교 폭력보다 심각하지 않다.
vs 사이버 폭력은 시간과 장소를 가리지 않고 벌어지기 때문에 학교 폭력보다 심각하다.

최근 청소년 사이에서 모바일 메신저나 소셜 네트워크 사이트, 인터넷을 이용한 사이버 폭력이 급격히 증가했습니다. 사이버 폭력은 피해자를 24시간 내내 공포에 떨게 하고, 인터넷이나 휴대 전화를 사용할 수 있는 곳이라면 어디서든 발생합니다. 우리 자신과 친구를 사이버 폭력에서 지키려면 어떻게 해야 할까요?

세더잘 33

해양석유시추 문제는 없는 걸까?

닉 헌터 글 | 이은주 옮김 | 최종근 감수

해양석유시추는 석유 부족 문제를 해결할 신기술이다.
vs 해양석유시추는 사고 위험이 높고 환경을 파괴하므로 석유를 대체할
새로운 에너지원을 개발해야 한다.

최근 해저 깊은 곳에서 석유를 생산하는 해양석유시추가 새로운 석유 공급원으로 각광받고 있습니다. 하지만 사고가 나서 바다에 석유가 유출되면 해양 생태계가 큰 타격을 입습니다. 이러한 위험이 있는데도 해양석유시추를 계속해야 할까요? 바다에서 석유를 시추하는 것보다 석유를 대체할 새로운 에너지원을 찾는 것이 석유 고갈 문제의 효과적인 대안이 아닐까요?

세더잘 32

광고 그대로 믿어도 될까?

로라 헨슬리 글 | 김지윤 옮김 | 심성욱 감수

광고는 상품에 대한 정보를 제공하므로 소비자에게 유용하다.
vs 광고는 판매를 위해 상품에 대한 허위, 과대광고로 소비자를 현혹한다.

광고에는 순기능이 있는 반면 역기능도 많습니다. 제품의 단점은 슬쩍 감추고 장점만을 과장하는 경우도 있고, 광고가 아닌 것처럼 속여 구매를 유도하는 경우도 많기 때문입니다. 우리는 한 사람의 소비자로서 이러한 광고의 공격에 어떻게 대응해야 할까요? 이 책은 광고의 역사를 알려줄 뿐만 아니라 광고의 실체를 낱낱이 파헤칩니다.

세더잘 31

투표와 선거 과연 공정할까?

마이클 버간 글 | 이현정 옮김 | 신재혁 감수

대의 민주주의에서는 투표와 선거를 통해 당선된 사람을 반드시 우리의 대표자로 인정해야 한다.
vs 투표와 선거의 과정이 공정하지 않았을 수도 있으므로 그 결과를 무조건 신뢰할 수는 없다.

투표와 선거는 민주주의 국가에 살고 있는 시민들의 중요한 권리이자 의무입니다. 우리는 투표와 선거를 통해 공동체를 이끌 대표자를 선출하지요. 현재의 선거 제도는 일반 국민의 의사를 제대로 반영할까요? 아니라면 어떤 모습으로 바뀌어야 할까요?

세더잘 30

맞춤아기 누구의 권리일까?

존 블리스 글 | 이현정 옮김 | 오정수 감수

맞춤아기는 심각한 유전 질환을 가진 아이에게 구세주가 될 수 있다.
vs 병을 치료하기 위해 맞춤아기를 만드는 일은 인간의 생명을 도구로 사용하는 일이다.

맞춤아기가 등장하면서 개인의 권리와 생명의 가치 그리고 과학 기술의 발전이 어떻게 균형을 맞추어야 하는지에 대해 끝없는 논쟁이 일고 있습니다. 맞춤아기 기술의 현주소는 어디이며 앞으로 어디까지 발전될까요? 또한 맞춤아기는 어떻게 사용될 수 있으며, 어디까지 사용할 수 있도록 허용해야 할까요?

세더잘 29

리더 누가 되어야 할까?

질리 헌트 글 | 이현정 옮김 | 최진 감수

리더는 다른 사람들의 희생이 따르더라도 자국의 이익을 위해 과감한 결정을 해야 한다.
vs 리더는 자국의 이익을 위한 결정이 의도치 않은 결과를 초래할 수 있다는 사실을 염두에 두고 신중하게 행동해야 한다.

리더는 자신이 이끄는 집단을 대표하여 중대한 결정을 합니다. 하지만 그 선택은 때로는 많은 사람들의 희생이 따르기도 합니다. 그렇다면 어떤 결정을 하는 리더가 좋은 리더일까요?

※ 디베이트 월드 이슈 시리즈 **세더잘**은 계속 출간됩니다.